学級経営サポートBOOKS

ワンランク上の
子ども見取り術

学級の荒れを防ぐキーポイント

成瀬 仁 著

明治図書

はじめに

　「子どもなんて見てれば分かるさ。」「毎日，ちゃんと子どもを教室で見ているよ。」「私は大丈夫。子どもと信頼関係ができているから。」
　学級担任として，しっかりと学級を掌握している人は，そう言うかもしれない。
　しかし近年，子どももさまざまな表と裏を使い分けることが多くなった。また教師の目の届かない場所で，何かが起きていることも珍しくない。現にさまざまな学校現場で「いじめ」は後を絶たず，今日が良くても明日が良いか否かは，もう分からない時代である。今，教師に見せる子どもの姿が，その子の本当の姿であろうか？日々の暮らしの中で，良いこと・いやなこと・辛いこと・めんどうなことなどで，子どもは刻々と表情を変える。
　私たち学級担任は，子どもの姿をできるだけつぶさにとらえ，その子の行動を読まなければならない。そして子どもたちの健やかな成長のために次の一手を打っていかなければならない。
　私は，学級崩壊後のクラスを何度も受け持った。その時，必ず「この学級では担任がクラスの子どものことを見ていなかったな。」と実感した。担任は，クラスを浄化してくれる子どものサインを無視し，悪い子だと決めつけてかかる中で，キラリと光る褒めるべき所を見逃す。そうして学級が壊れていく。そんなクラスでは，担任が子どもの問題行動をどのようにとらえ，どう子どもに指導してきたかが，まったく分からない状態になっていることも少なくない。
　いまこそ，教育に予防的処方箋が必要である。未然に教師がしっかりと仕掛け，子どもの行動を繊細に見取り，読み解き，そして一貫した姿勢で子どもを指導する。そのための「見取り術」が求められる。
　本書では，ワンランク上の学級担任が「子どもをどのように見て」「どのように読み」「どのような一手を打っていくか」を述べてみたい。
　ぜひ，一読いただければ幸いである。

もくじ

はじめに
序

1章 「始業前・登校時」の見取り術

1. 教室に一番最初に入るのは,学級担任……………………………… 14
2. 教室の後ろから黒板側を見てみよう ……………………………… 16
3. 「おはよう。」は,教師が先に ……………………………………… 18
4. 「おはよう。」の返し方で,教師への反発心や
   その日の子どもの様子を見る ……………………………………… 20
5. 朝,子どもが一緒にいる仲間が,本当に子どもが会いたい仲間？ …… 22
6. 「昨日,何してた？」で聞き上手の教師に …………………………… 24
7. 朝,「宿題を出す・出さない」を見れる場に ………………………… 26
8. カバンを片づけずに遊びにいく子は決まっている ………………… 28

2章 「朝学習時・朝の会」の見取り術

1. 敢えて静かにして声を上げない教師で………………………………… 30
2. 朝学習中に体の動きのある子は,敢えて見守る,その場にいく …… 32
3. 「手紙回し」などをさせない鋭い目と緊張感を……………………… 34
4. 時に後ろや廊下で静かに掃除をしている教師に …………………… 36
5. 「静かな雰囲気」を感じさせ,集中力を育てつつ見ていく ………… 38
6. 「朝の挨拶」やり直させる教師に見えるものは？…………………… 40
7. 朝の歌,たまに歌う曲を変えてみると見えるものがある………… 42
8. 「10の○」から見えること……………………………………………… 44
9. 子ども同士で質疑応答の機会をつくる……………………………… 46

3章 「授業中」の見取り術

1. 子どもの思考の動き出しを見る …………………………………… 48
2. 目立つ子に注意を入れすぎるとクラスは荒れる ………………… 50
3. 授業中の子どもの足の動きに癖が出る …………………………… 52
4. 持ち物の華美化は、トラブルのもと ……………………………… 54
5. 次時の忘れ物は、前の授業終わりに把握を ……………………… 56
6. 子ども自身の努力の量が、授業やテストに反映される取り組みを
   ……………………………………………………………………… 58
7. 教師の巡視動線を変えてみる ……………………………………… 60
8. 子どもの声は、子どもが見取った教師のずれを指摘 …………… 62
9. 授業中に子どもが遊び出すのは、授業づくりのミス …………… 64
10. 終わった子から手を組ませる〜課題解決〜 ……………………… 66
11. 授業中に合法的立ち歩きを入れると、子どもの交友関係が
    ばっちり分かる …………………………………………………… 68
12. 「テスト返し」の時に、子どもの性格・家庭が見える ………… 70
13. 危険な動きをする子は要注意！周りの子がけがをする ………… 72

4章 「給食の時間」の見取り術

1. 給食前に担任は、必ず教室からトイレ・手洗い場までは歩くこと … 74
2. 給食配膳中の教師の「絶好の立ち位置」は？ …………………… 76
3. 給食配膳中の盛りつけを必ず見ること …………………………… 78
4. 給食中、担任は教卓で子どもの会話を聞く ……………………… 80
5. 給食中は会話を広げる工夫を
   〜意外な子どもの一面を知ることに〜 ………………………… 82

| 6 | 給食の片づけが汚い学級は荒れる……………………………… 84 |
| 7 | 給食後の片づけで，クラスのしっかり者が分かる…………… 86 |

5章 「休み時間・放課後」における見取り術

1	教卓に近寄ってくる子・遠巻きにいる子の意味を考えて見取る……… 88
2	一人でいる子は，教師の近くに置く…………………………… 90
3	教室内・廊下で遊んでいる子たちを視野に…………………… 92
4	活発な子どもたちの遊びも，時に見にいく…………………… 94
5	休み時間に教室で採点作業をする担任は素人さん？………… 96
6	帰りの頃の子どもの言葉や動きは，要注意…………………… 98
7	ため口をきいてくる子どもは二通り………………………… 100
8	「最後まで残りたい」子には意味がある……………………… 102
9	一日の終わりとして，必ず学級担任が戸を閉めて教室を出る…… 104

6章 「いじめ」に関する見取り術

1	一発で分かる,集団的疎外感の実態…………………………… 106
2	「いじめ」は集団内で育っていくものだと認識して見る…… 108
3	集団的疎外感を感じても，すぐに教師が大声を上げない…… 110
4	集団的疎外感を黙って見ている教師の存在を子どもは分かっている……………………………………………………… 112
5	集団的疎外感の構造を分析して見る………………………… 114
6	集団的疎外感を醸し出す中核的グループをどう解体するか考える……………………………………………… 116
7	「疎外感から無視」そして「いじめ」へ……………………… 118

8 「たわむれからじゃれ合い」そして「いじめ」へ……………………… 120
9 言葉の荒れや「座席がえ」を注視せよ……………………………… 122
10 日頃から，担任の味方になれる子たちをつくっておく……………… 124

7章 「クラスの雰囲気を変える」ための見取り術

1 清掃に懸命に取り組む子を見取る…………………………………… 126
2 「分からないこと」を誠実に友だちに聞いている子の姿を見取る… 128
3 クラスで問題児とされてきた子の違った面を探せ………………… 130
4 静かな子・弱そうな子の積極的な面を見つけよう………………… 132
5 クラスの姿を社会の姿に置き換えてみる…………………………… 134

後序
おわりに

序

○ 今なぜ，ワンランク上の「見取り術」が必要なのか

　いまの学校現場は，より複雑化している。

　まず，学力向上，そして特別支援教育，ユニバーサルデザイン，いじめ，不登校の問題。家庭と社会の不条理な現実が，教室に入り込んでいる。例えるならば，いくつもの病理が，学級担任や教室という，たった一つの個体もしくは現場に幾重にも折り重なって入り込んでいる状態である。学級担任は，その複合的な現れを一つ一つ理解して，分析して，処方を出し，実際に施術していく役割を担っている。

　優秀な教師は，それを事前に分析・判断し，できるだけ自分が学級担任である場では現れないように手当や予防をしている。いまや，待ったなしの状態である。「今年ははずれ！」「良かった！○○先生で。」などと，経験を積んだ教師も，まったくの新採用教師も同じ壇上に上がり，保護者に比べられている。

　また，「いじめ」の問題がクローズアップされ，なぜか教師が子どものすべてを見抜いていなければならないかのように報道されてしまっている。いまや教師には，まったく時間がなく，心のゆとりもない。常に子ども同士がいじめ合っていないかに敏感になりすぎている。教師は，失敗が許されず，言葉の遣い方や子どもへの何気ない態度・トラブルの際の対応などをゆっくりと考える間もない。そしてまたトラブルが起こる。

　「もっと事前に話し合っておけば良かった。」「そのことは言っておいたのに。」などと言い訳が出ている現場も多いのではないか。

　今こそ，トラブルを未然に防ぐ，「見取りからの対応」が必要である。未然に防ぐことで事の大きさも，より小さくなる。また，トラブルが現れないで済むことにもなる。その意味では，ただ子どもの様子を見るのではなく，分析・対応を意識した「ワンランク上の子ども見取り術」は，教師に必須の手だてである。

○ スクールロイヤーが入った学校では,「見取り」と「記録」が重要

いよいよ学校にも弁護士が入る時代になった。日本の各教育委員会では,学校の訴訟問題に対応した「スクールロイヤー」の配置を急いでいる所も多い。

このような時代に入ったいまだからこそ,教師の「見取り」と「記録」が,より重要になるのだ。

教師がいつ「いじめ」を「いじめ」と認識したのか。教師や学校はいつ,その「いじめ」への対策を講じたのか。教師は保護者にいつ「いじめ」について伝達し,互いに対策について話し合う機会をもったのか。学校側に落ち度はあったのか,なかったのか。

こんなことが,いまは事が終わった後に検証される時代である。

学校は,学級の集合体である。事は学級で起こっている。学級担任や教科担任が見た学級の病変を,いつどのようにどこに伝えたかが問われるのである。

教師の「見取り術」は,いまや学校現場に必要不可欠である。しかし,各教師間での「見取り方」のずれや「見取り」後の認識の仕方は,個人差があまりにも大きすぎる。もっと言えば,教材研究や指導法の研究・検証は進んできたが,子どもの「見取り方」の研究・研修は,ほとんどなされていない。これが現実である。つまり,「見取り」そのものの一定のコンセンサス(共通理解)がまだないまま,学校訴訟では「学校側の見取りの是非」が問われる時代になったということなのである。

ゆえに,今こそ,教師の「見取り」のコンセンサスづくりが,急務であり最重要なのだ。たとえ,メモ書きでも良いが,教師の見取りと指導について,「日時・内容・意見・その後,どうしたか」ぐらいは,最低限,記録に残しておく必要がある。

○ これまでの「学級経営論」では無理だ！

　私は声を大にして言う。これまでの「学級経営論」では無理だと。昨今、本当に学校現場を取り巻く事情が変わってしまった。

　保護者には「学級づくり」云々や「学級懇談会」などの「学級」という言葉の意味が入っていかない。保護者の頭にあるのは「我が子」のみである。すべての対応が、一家庭ごとの対応になってきている。

　「学級」は、さまざまな子どもや、そのバックボーンである家庭をもってつくられている。昔であれば、そのルールがすべて学級担任に委ねられていた。多少の喧嘩やいじめも教師の指導で、親や祖父母から「学校の先生に怒られたんだから、おまえが悪いんだ。」と子どもがたしなめられたものだった。しかし、今はどうだろう。「いじめの指導が子ども自身に入っていかない。」と嘆く教師。「先生の言っていることがダメだ。」と評論家じみた親。互いに気まずい中で、子どもは学校生活を送る。今の時代、日本人の美徳とされた「集団としての規律」や「おかげさまで」の精神は、ほぼ失われかけている。

　学校は、「集団」という価値観がすべての場所であった。それがいまや「個人」と「個人」の集まりの場になってしまった。嫌だったら「不登校」、そんな場になってしまったのだ。

　報道が助長してきた学校の個々の対応の弱さに刺激された、保護者の個人主義的意識への変化によって、確実に学校は、これまで保ってきた「集団」としての価値観を失わざるを得なくなっている。これは由々しき事態である。いじめ問題など、集団へのマイナスイメージを感じている大人が多くなってしまった今だからこそ、学校には、集団としての良さを改めて発信していくことが求められている。その意味でも、これまでの学級経営論を、再度今の時代に合わせ、抜本的に考えていく必要があるのだ。

○　子どもが変わってきている〜「10歳の壁なし」現象〜

　10歳を過ぎる頃になると，親から離れ，少しずつ自分で考え行動することになる。より集団を意識し，親よりも友だちへとシフトしていく時期でもある。これが「10歳の壁」と言われる自我の芽生えの段階である。しかし今，この形がはっきりと出てこないようになってきた。

　親は子離れせず，子は親の加重を安心と取り違え，自立への段階が踏めずにいる子どもも少なくない。「ひきこもり」などと言われる現象は，まさにこの段階からの子育てと発達の不適切感の表れである。

　「集団を嫌う子」「集団の厳しさやずるさを感じすぎる子」「誰かが集団の乱れを直してくれるという意識」「集団の乱れの責任は，学校・学級担任にあるとする親」これが，昨今の学校に通わせる親と子にある感覚ではないだろうか。学校は何を規準に事を考え直せば良いのだろうか。これまで通りで良いのだろうか。時代の中で社会が確実に変わり始めていることを実感する。

○　「他者拒否型の親子関係」と反抗期を迎えない子

　「友達親子」などという言葉が社会でもてはやされるようになり，もう何年経つだろう。今では「毒母」などという，「他人を拒絶する親子密着型の親子間」の歪みを表す言葉さえ，社会問題化されている。

　本当に日本の家族の形が変わった。核家族化は，世間一般に言われてきたが，いまや「親と子ども」の一対一の親子関係や「友達親子」のような，親子の密着を善とする主義が「子ども思いの親」という立場で正しい関係とされる時代になった。その関係を批判する者が現れれば，完全に間違った考え方として糾弾される時代になってしまったのだ。

　子どもたちは，親の加護がたとえ過保護であっても，親に反抗しない。そんな時代を迎えた。

　その背景には，少し前の時代に出てきた「ひきこもり」世代の取組の失敗（不登校等で家にひきこもると，親は説得，説教をする。それに対する子ど

もの反抗・反発，そして続くひきこもり……。）もあり，「子どもの可愛さ」のみを基軸とした子育てをしていく形が主流になってきた。

昔から日本の伝統文化にもあった，社会で生き抜くための「躾」は，個々の家庭によって大きく異なり，その文化すら消えかけている時代である。「我が子さえ，よければよい。」「我が子が第一。」「どうして，学校は便利じゃないの。」というような発想で学校を見る親世代。

教師の「見取り」の技術は，こんな社会変化にも対応していかなければならない。

○ 見たものから「読む」教師へ

学級で起こっていることは，日常の当たり前のことで，いつもの光景。そう納得している教師は，それでよいのだろうか？

「朝の挨拶の仕方」であったり，「友だち同士の姿」であったり，「授業に向かう態度」であったり，毎日の子どもとの生活の中で，何か少しずつ変わってきている点はないだろうか。

教師が「うちのクラスの子どもたちは良くなってきている。」と実感する場合は，必ず教師が，ある目標に向かって，力を入れて指導している結果である。何もしなくても子どもの姿が良くなるということは，決してない。つまり教師が，学級の子どもの姿を見て「この点はまだ伸びる。そのために，この策を講じよう！」としないと良い結果には繋がらないのだ。

学校が抱える課題（「いじめ」「不登校」「学力向上」「特別支援教育」など）の中で，何気ない日常が繰り返される。しかし，過ぎていく時間の中で，教師が意識しなければしないように，教師が意識すればしたように，子どもたちは確実に変わっていっている。

何気ない日常を教師はどう意識して見取り，どう読み，どう指導に繋げていくか。今，これこそが教師への課題として突きつけられている。

○　感覚を見抜く教師の目を磨け！

　子どもは意外に感覚的である。自分で周りを察知すると，言葉ではうまく説明できなくとも動きや態度で対応する。

　例えば子どもは，クラスの何人かの子が避けているものに気づけば，何となく，意味も分からず自分も避けるようになる。クラスの雰囲気が気まずければ，自分が目立たないように自分を隠したりもする。

　こんなことは，子どもたちの日常でよく行われていることだ。しかし，そのことに教師は気づいているだろうか。「○○さんは静かな子だから。」と決めつけていないだろうか。その子が家では無類なく天真爛漫にはしゃいでいる子だと担任は知っているだろうか。

　子どもは，どこかに自分の片鱗をちらっと出す瞬間がある。「えっ，意外。」と思える瞬間がある。そこを教師が見逃さず，見取ることができるか。子どもの感覚を見抜いて，指導に活かす目をもっているか。

　「ワンランク上の子ども見取り術」とは，そんな教師の鋭い「見取り技術」の向上に繋がるポイントを考え抜いたものである。

1章 「始業前・登校時」の見取り術

1 教室に一番最初に入るのは，学級担任

 昨日の学級の終わり方・問題行動・学級の荒れ具合

❶ 子どもの本音が見える貴重な場面

　教室に，朝一番に学級担任が入る。これは，できない教師も多いだろう。教師自身の家庭の事情や通勤時間，勤務校と自宅の距離など，さまざまな事情がある。それはよく分かっている。しかし敢えてこの朝の時間を取り上げたのは，ここに子どもたち一人一人の本音が見えるからだ。

　前日の最後の教室の様子を見られなかった教師には，お薦めの「見取り方」の一つである。例えば，机の乱れ。どの辺が一番乱れているかを見て，どんな騒ぎ方をして最後に帰った子がいたのかを考えることができる。また，ゴミの散らかり方。ティッシュのゴミなのか，教科書やプリントの端なのか，誰の物なのか，など。ゴミ箱を見てみると，意外な発見をする。子どものいらない答案がごっさり入っている，などということも珍しくない。それに机の上やロッカーの中が常に汚い子や荒らした跡など，子どもたちが動いた軌跡を感じることができる。これがまさに子どもたちの生の姿を表している場面である。だからこそ，学級担任が朝，一番に教室に入って，教室の様子を見ておくことは大切なことである。後で必ずこの時の状態が，子どもの行動と繋がっていることを知るはずである。

　朝一番の静寂の教室をじっくりと見渡し，個別にチェックしていくことは，学級担任としての基本でもある。

❷ 学級崩壊のサインとして

　朝，教室の佇まいがきれいな教室は，子どもたちが落ち着き満足している。逆に子どもの心が荒れている学級ほど，教室の佇まいが汚い。それだけ学級担任も目を配っていないという証拠である。こんなクラスは，学級崩壊の危険をはらんでいる。

　いずれにしても，子どもの生活の場である教室は，常に学級担任の目が届くようにしておかなければならない。学級担任が常に気を遣って教室を見ているな，というクラスでは，物がなくなるケースも少ない。それだけ，子どもが学級担任を見，隙をつくっていない学級担任の姿勢が，子どもたちに届いているのである。できる教師ほど，日頃から子どものロッカー内などを統一的にさせ，一目で見て変化が分かるようにしていることが多い。

　教室内の変化が分かるように日頃から整理整とんを心がけ，教室管理をしておくことは，当然のことである。

　朝一で，教室に学級担任が入ることは，生徒指導上・生活指導上，本当に大切なことであり，見取りの重要なポイントの一つである。

🔑 **見取りのキーポイント**

◆朝一番に教室に入って、「教室の乱れ」を見取ろう

　ここをチェック！
- □ 机の上
- □ 机の並び
- □ ゴミの散らかり方
- □ ゴミ箱の中の様子
- □ ロッカーや雨具掛けの様子

1章 「始業前・登校時」の見取り術

2 教室の後ろから黒板側を見てみよう

 見取れる内容　子どもの性格・問題行動・整理整頓の仕方

❶ 子ども一人一人の机の中の様子が見える

　プリントをたくさん押し込んでいる子，他の子と道具箱の位置が違う子，道具箱にさまざまなシールを貼っている子，机の中に何も入れていない子など，教室の後ろに立つことで学級の子どもの机の中の様子が見える。教師は，普段子どもと対峙していることが多く，机を後ろから見ることはほぼない。敢えて始業前誰もいない教室の後ろに立つことで，子どもたち一人一人の性格や傾向，癖などを知ることができる。几帳面にしている子やすべて置き勉している子，机の中が乱雑な子，一人一人の何気ない，気張らない本音が見えてくる。普段ははきはきしていても意外に片づけられない雑さがあったり，ほとんどしゃべらず，黙っているものの意外に丁寧に机の中を整理していたり，一人一人の心根が見えてくる。

　中には，持って帰らなければいけない資料等を机の中に入れたままにしている子や，何日間も配られたプリントを机の中にため込んでいる子など，さまざまである。明日のクラス運営に関わるような資料の置き忘れや「いじめ」に関わる手紙などが見える場合もある。また，見えたものをどうすると良いか？私はそのままにしておくことが一番良いと思う。勝手に子どもの机の中を見て取ったとなると，子どもからの信頼感もなくなる。私はあくまで知り得た情報としての扱いをしてきた。

❷ 子どもが普段見ている景色のチェックができる

　始業前に教室の後ろに立つことで，もう一点重要な見取りができる。それは，子どもが普段見ている光景を教師自身が見ることである。なんだ，それだけか，と思う教師もいるだろうが，じつはこれが意外に奥深い。

　昨今，教室のユニバーサルデザイン化や配慮の必要な子どもたちの増加に伴い，あまり教室の前面に掲示物を貼らない，という考えが多くなってきた。授業に必要のない掲示は，極力他の位置に移すことが必要である。その意味でも，子どもになったつもりで教室前面を見て，確認することが必要である。

　また，私は子どもが授業中に見る・見える側面への配慮も重要であると考える。「子どもの思考の軌跡」の掲示や「みんなで考えた教室ルール」の掲示など，子どもと共につくってきた学習内容や規律に関わるものを見せておくことで，子ども自身に圧迫感を感じさせない掲示になる。

　先生が何でも自分のルールを貼り出す光景を見たことがある。子どもにとっては，圧迫感と威圧以外の何ものでもない。そこから子どもは反発を始めることも多い。やはり，子どもと共につくったルールや，学期ごとの目標（学級会等で決めたこと）など，子どもたちも納得できるものを提示しておくとよい。

🔑 見取りのキーポイント

- ◆教室の後ろから子どもの机の中の様子を意識的に見てみよう
- ◆教室を授業中の子どもの目線で見てみよう
- ◆教室前面の見え方を子ども目線で考えてみよう
- ◆教室側面は，子どもと共につくった，必要な掲示を心がけていこう
- ◆教室前面に圧迫感・威圧感を感じない配慮をしよう

1章 「始業前・登校時」の見取り術

3 「おはよう。」は，教師が先に

見取れる内容 子どもの性格・挨拶の仕方・交友関係・問題行動

❶ 教室に入ってくる子に教師が先に「おはよう。」を言う

「おはよう。」は子どもから言うに決まっているだろう！ などと思っている教師。それは頑固一徹の昔ながらの教師である。私もその考え自体は間違っていないと思うが，戦略的な教師ではないと言える。

なぜ，「おはよう。」を教師が先に言うのか。それは，子どもの出方を見るためである。子どもがどんな対応をするかを見取るためである。ある子は，教室に入るなり自分から挨拶をするだろう。またある子は，まったく挨拶を返さずに入るだろう。この瞬間を繰り返すことで通知表の「行動の記録；進んで挨拶をする」の項目について評価ができることにも繋がる。朝の子どもの「おはよう。」の対応の仕方でその子の素の気持ちやテンション，教師への思い，性格などが見える。

❷ 始業前に教室に教師がいることで抑止力になる

意外と，始業前に事件は起こる。始業前に教師が教室にいることで多くの問題を直に指導できたり，問題の未然防止に繋がったりする。例えば，教師への挨拶を済ませた子は，宿題の提出や自分の授業準備などをする。中には，自分の授業準備もせずにすぐに遊びに行く子がいる。そうした子が，朝学習が始まって他の子が静かに学習している時に，やっと音をたてて準備を始め

るなどという光景を目にしたことはないか。これでは，学級担任の指導不足と言われても仕方がない。得てしてこのようなところをルーズにしている学級担任のクラスでは「規律が守れない」などの姿が出てくる。

　だからこそ，担任がその場にいて，宿題を写している子や授業の準備をしていない子をその場で指導することは，クラスの規律をおだやかに整えるために大切なことである。また，子どもは，教師がいることで乱暴なことをしたり友だちとのトラブルを起こしたりすることが少なくなる。何より，子どもの朝の素の姿を見れることは，その子の性格や自然な交友関係などを発見する絶好の機会となる。

　ただ，勤務時間外なので，できる範囲で良い。また週の中でこの日と決めて朝，教室で子どもを出迎えるというようなことをしても良い。子どもを見取れない教師ほど，始業ぎりぎりに教室に入ってきて，子どもの様子に大声で叱っていることが多い。ここもできる教師とそうでない教師の見分けどころである。

見取りのキーポイント

◆教室で子どもを待ち受けてみよう

◆教師が先に「おはよう。」を言って反応を見てみよう

◆朝，始業前の教室内の様子を見ておこう

◆始業の準備は，クラスのルールづくりの基本となると考え，甘く見ないようにしよう

1章 「始業前・登校時」の見取り術

「おはよう。」の返し方で，教師への反発心やその日の子どもの様子を見る

見取れる内容　子どもの性格・担任への感情・今日の子どもの気分・問題行動

❶ 教師が先に「おはよう。」と言う活動を続けることで見えてくる，子どもの性格

　「おはよう。」を学級担任が先に言うことは，決して子どもたちに迎合しているわけでもなく，また学級担任が率先垂範するためだけでもない。ここに「見取り術」がある。

　子どもは，朝，意外に素のままに登校する。その後，授業や友だちとのトラブルで動きを一変することが多い。朝の「おはよう。」の言葉がけの返し方でその日のその子の朝の心持ちを推し量ることができる。教室に入ってくると自ら「おはよう。」を言う子や黙って入ってくる子，先生に言われて返す子など，その様子はさまざまである。その観察を続けることでその子の性格や「学級担任をどう思っているか」まで見えてくる。子どもにとって「嫌なこと」があった時は，必ず「おはよう。」の返し方が違う。これは，細かいようだが，実践すると本当によく分かる。

❷ 学級全体に普段から指導しておくこと。朝，教室に入る時は「おはよう。」を

　朝，「おはよう。」の見取り術を行っていくためには，必ずしていかなければならないことが二つある。

　一つ目は，普段の学級指導でクラスのすべての子に対して「朝，教室に入ってくる時には挨拶をすること」「挨拶を聞いたら返すこと」の躾を常に言

い続けていく必要があるということ。社会に出るととても大切な基本的なマナーになるということを、さまざまな例示をもとに伝えておく必要がある。このことで子どもは、朝、教室に入ったら「おはよう。」を言わなければならないことを理解していくのだ。そこで初めて、学級担任が教室で出迎え、「おはよう。」を先に言うことの見取りの効果に繋がっていくのだ。

　もう一つは、学級に入ってくる子ども、すべてに声をかけることだ。中には、「私は声をかけられなかった。」と思い、気持ちを損なうことで信頼関係を崩す子もいるので、この点は要注意である。

　また、声をかける時には、学級担任が明るく、「あなたが来ることを待っていたよ。」の意識をもち、さわやかな思いを伝える必要がある。特に大切なことは、昨日叱った子どもやちょっと問題を抱えている子などにも屈託なく「おはよう。」を言い、反応を見ることである。子どもは、誰もが教師から声をかけてもらいたい、と思っている。

　このことを忘れ、悪い時だけ声をかける教師がいると、子どもの教師に対する態度も変わってくる。誰に対してもさわやかな笑顔の「おはよう。」を言う学級担任であることが、見取りのためにも重要である。

見取りのキーポイント

- ◆笑顔でさわやかな挨拶を心がけよう
- ◆教室に入ってくるすべての子へ挨拶をしよう
- ◆普段から「朝、教室に入る時には挨拶をすること」と伝えておこう

1章 「始業前・登校時」の見取り術

5 朝,子どもが一緒にいる仲間が,本当に子どもが会いたい仲間?

見取れる内容 子どもの性格・交友関係・今日の子どもの気分・問題行動

❶ 教室に入った子どもの行動や子ども同士のやり取りを見る

　子どもの朝は,本音が見え隠れする。昨日喧嘩した子との関係や,最近トラブルになった集団での人間関係が自然によく分かる。いままで一緒に登校していたのに一人で登校するようになった子や,教室に入ってくるなり,友だちにちょっかいを出すなど,粗暴な動きを見せる子……,自然な朝の子どもの姿は,生徒指導・生活指導のための実態把握に最適な時間である。学級担任は明るく「おはよう。」を言い,中立的な位置で学級を見渡していれば良い。子どもたちは,それぞれが自分の気分や心根に従って行動している。中には,自分のするべきことを終えると机に向かい,本を読み始める子がいたり,だれにでもちょっかいを出して,いたずらをしたりと,それぞれが,その子ならではの動きを見せる。その姿で一人一人の特性をとらえて,指導に繋げていくことが重要である。

　できれば,この始業前の見取りを,ある程度継続的にしていくことで,より子どもたちの実態が分かってくる。さりげない朝の子どもたちの姿の中から,子どもの実態をはっきりと見取ることができるだろう。

❷ 朝の子どもの動きには,「本音」や「不安」が出ていることが多い

　子どもの朝の動きを見取ることの意味は,先述した。ただ,もう少し踏み入った見取りもこの朝の時間でできる。呆然として一点を見つめている子や教室に入ってくるなり学級担任に言いつけにくる子,登校時の出来事を事細かに説明する子,宿題をしていないことへのごまかしを見せる子,友だちとのトラブルで顔が暗い子など。

　特にこの場面で大切なことは,心に不安を抱えている子に,どうでも良いこと,たわいもないことを学級担任が一声かけてあげることだ。「朝ご飯食べてきた？」とか「お疲れ様,朝,暑かったでしょ！」などの言葉である。「よく頑張ってきたね！」などという言葉は絶対かけてはいけない。できない教師ほどこの言葉をかける。現代は子どもも疲れている。意味のある悪意のある言葉で社会は入り乱れている。教師はよく「教室を居心地の良いところにしたい。」と言う。しかし教室で過ごす時間はほとんどすべてが意図ある言葉と強制力に満ちている。友だちとの関係の中にも「いじめ」に至る言葉が溢れている。

　だからこそ,朝の一時を学級担任が温かく見ているだけの言葉がけにしても良いのではないか？

　教室で敢えて意図のない言葉を使う教師にはより強い意図がある。これぐらい教師自身が自分の吐く言葉を感覚的に変えていくことが,ワンランク上にいくために大切な術である。

🔑 **見取りのキーポイント**

◆教室全体を見渡すようにゆったりと構え,子どもの言動に注視しよう

◆時に一声,意図のない言葉がけをしよう

◆その場その場で言葉がけを吟味しよう

1章 「始業前・登校時」の見取り術

6 「昨日,何してた?」で聞き上手の教師に

見取れる内容 子ども情報・交友関係・担任への感情・今日の子どもの気分・問題行動

❶ 朝のたわいもない会話から,情報収集を!

　朝,教室に入ると,必ず先生の周りにくる子がいる。宿題を提出しにくる子や学級担任に相談しにくる子などもいる。そこで会話を交わす中で見えてくるその子の生活や交友関係などの情報は,後になると役立つことが多い。中には,「昨日近所で○○が起こった」などの事件性のある情報が子どもからもたらされることもある。不審者情報なども重ねて情報を入れてくれる子も珍しくない。学級担任が,さまざまな子どもから情報を聞こうとする姿勢は,子どもたちに「この先生,聞いてくれる先生!」という安心感や頼りがいを増していく。それを続けていくことで,「子どもたちが何でも相談できる先生」となり,学級担任の評判も上がっていくのだ。必ず,子どもは,その先生のことを保護者や他のクラスの友だちにも言っているはずである。

　朝の忙しい時間こそ,教材研究のために職員室にいるのではなく,教室で子どもたちを出迎えることをお薦めする。そして,聞き上手になり,子どもからの情報をもらっておこう。朝,子どもたちとの会話から得られる情報は,必ず後で使えるものとなる。友だちのこと,家族のこと,宿題のことなど,たとえ教師へのクレームであっても,静かに聞いていこう。すべて,情報収集という意識で,である。

❷ 「昨日，帰ってから何してたの？」で深まるその子とその周辺

　朝の子どもたちとの会話の中で，一番有効なさり気ない質問がある。それが，「昨日，帰ってから何してたの？」という質問である。この質問は，すべての子どもが答えられる質問である。同時に子ども自身と会話が繋がる質問でもある。そこが大切なキーポイントである。

　例えば，「昨日は，学校の後，塾に行って午後九時くらいに帰った。」と返答されたら，「へー，塾って，どこ行ってるの？」とか「他に誰が行ってる？」「何曜日に行くの？」など，その子の周辺情報がしっかりと受け止められる。

　他にも，「帰ってから，◇◇さんと○○さんと遊んでた。」と返答されたら，その後は「何して遊んでたの？」や「どこで（誰の家）で遊んでたの？」，「何時ごろ，帰ったの？」などと聞き返すこともできる。このことでその子の交友関係や帰宅後の過ごし方などを情報として入れることができる。この情報が，「いじめ」問題や子ども同士のトラブル，また家庭での生活習慣の把握などに重要な情報となることは，間違いない。ただし，教師が軽々しく「△△さんから聞いたんだけど，昨日◇◇さんと遊んでたんだって？」などと他の子に言わないことが重要である。せっかく築いてきた信頼関係を失うことになってしまう。この点さえ注意すれば，子どもとの信頼関係を築くことにも繋がり，一人一人の情報を知りながら，生活指導や学習指導にも生かすことができるのである。

🔑 **見取りのキーポイント**

- ◆さり気ない雰囲気で何気ない質問を意図的にしてみよう
- ◆会話が繋がる，誰もが答えられる質問をしよう
- ◆知り得た情報の守秘義務は，子どもとの会話でも同じと心得よう

1章 「始業前・登校時」の見取り術

7 朝,「宿題を出す・出さない」を見れる場に

見取れる内容 子どもの性格や態度・宿題への構え方・交友関係 担任への感情・今日の子どもの気分

❶ 宿題の提出の仕方や子ども自身で宿題提出等を処理できるシステムを

　宿題に妙に執着する教師を時折見かける。なぜ,そんな宿題に執着するのか,私には理解できない。自分の時間を工面してできる所で宿題をすることは,子どもにとって大切なことだが,教師がそれに必死になり,休み時間も給食中も宿題の添削で多忙化している現場を何度も見てきた。そして,真面目だからこそ,「私には時間がない。」と言い放つ教師が多くなっている。

　私は,違うと思っている。教師はあくまでも授業で勝負であろう。宿題は,おさらいであり,子ども自身の習熟のためのものである。子どもの中には,分からない問題のあるプリントを前に泣きべそをかいている子もいる。

　私は,自分が教師として子どもに課した問題については,翌日の朝,プリント等に赤字で答えを入れて貼っておいた。子どもがくると,それを見て丸つけをし,提出するのだ。このシステムは,子どもにとって自主性と責任感,そして「勉強は誰のためにするものか」という意識をつけていくためにも,とても良かった。特にいまの子どもと保護者は,宿題の出し方,その後の教師の処理の仕方までいろいろ言ってくることも多い。宿題についての考え方を明確にしておかないと,学級が崩れることも最近はある。

❷ 私が,「宿題の答えは黒板に貼っておいた」のは,なぜ？

　宿題は,クラスのみんなに平等に課題として課すものである。それならば,宿題は教師が責任をもって,子どもが課題をできるように出してほしい。課題は出してもそれを書くノートを返し忘れた等ということはないだろうか。家庭では「先生,宿題出してもノートを返してこない！どうやって宿題すればいいの。」等と,子どもが保護者に不平不満を言っている姿が目に浮かぶ。保護者の教師への不信感を募らせる結果になりかねない。これはよくあることだが,教師として情けなさすら感じる事例である。

　朝,教室で宿題を黒板で丸つけをしている子どもたちを見ていると,その姿もいろいろである。真剣に宿題に取り組んできて丸つけをして,全部できていた喜びを感じている子,解けなかったところを書き写してから提出する子,初めから宿題をしてこずに,すべて書き写している子,宿題の存在を打ち消すかのように,何もせず教室を飛び出ようとする子等……。

　宿題は,大人になって社会に出ても何らかの形でその人にずっとついて回るものである。私は,宿題の意味を子どもたちに語ることで「働く」ことや「社会人としての心得」等を子どもたちに伝えてきた。上記の宿題に向かう四つの姿,どれが正しいかは,世の中に出ないとはっきりしない面もある。ただ,自分の責任で,自分自身を伸ばすためにするものであることは,子どもたちにも言ってきた。嘘をついて宿題をやってきたように見せても,それは自分自身に返るようになっていることを伝えてきた。

　その意味でも,宿題の答えを黒板に貼っておくことは,さまざまな子どもの習性や性格が分かり,とても興味深いものであった。

🔑 見取りのキーポイント
- ◆教師として「宿題」をどう位置づけるか考えよう
- ◆宿題提出のシステムにすべての子どもが提出できる配慮をしよう
- ◆宿題の提出の仕方から,子どもの姿を見よう

1章 「始業前・登校時」の見取り術

8 カバンを片づけずに遊びにいく子は決まっている

見取れる内容 子どもの学習準備の仕方・子どもの性格・交友関係
今日の子どもの気分・問題行動

❶ 一日の学習準備は，必ずさせてから，次の行動へ

　朝の子どもたちの行動観察では，一日の学習準備がしっかりとできるように見守るということも大切な学級担任の役割である。登校・宿題提出・そして道具の準備，これが一連の流れである。道具の準備は，教科書を机に入れたり，体育着を所定の場所に掛けたり，カバンをロッカーに入れたりと，順番にすることがある。中には，忘れ物に気づき，他のクラスの子どもに借りる約束をしてくる子や忘れ物があったことを学級担任に報告する子などもいる。

　ここで見取ったことは，教師としてすぐに行動にしていかなければならない。カバンをそのままにして遊びに行こうとする子は，止めて道具の準備をすることを促す必要がある。道具の準備をそのままにし，適当にしゃべっている子にも早く準備を終えることを伝える必要がある。中には，カバンを机に上げたまま，ぼう然と一点をながめたままの子や，登校してすぐに，また机に伏せ込んで寝る子などもいる。そのような子には，声をかけ，目を覚ますように促し，次の作業に進めさせることも必要である。

　これは，習慣になるので，けじめのある朝の準備を続けていくためには，「見取り後すぐの支援」を心がけていくことが重要である。

❷ 勝手な動きの容認はクラスの雰囲気を壊すことに繋がる

　クラスには必ず配慮の必要な子どもがいる。動きが粗暴だったり，多動性が強い子どもには，様子を知るためにも，朝から声をかける必要がある。また，強く上から目線の強制を嫌う子も多く，朝の声がけは，中立的立場であったり横並び的な声がけが必要になる。しかしその子のその日の気分に沿って「朝の準備をさせる」必要もある。時には，声をかけながら一緒にしてあげることも信頼関係づくりのために必要になる。

　他の子どもたちは，その子と学級担任とのやり取りをよく見ていて，支援してあげすぎても，まったく支援しなさすぎても，クラスの他の子どもたちと先生との不調和に繋がりかねない。

　「やってみせ，言って聞かせて，させてみて，褒めてやらねば，人は動かじ」という山本五十六の言葉を思い出しながら，ある程度支援を考えていく必要がある。

🔑 見取りのキーポイント

- ◆朝の準備の習慣化を図るために，見取り後すぐその場で支援・指導しよう
- ◆全体の動きを見て，個への配慮がいる場面では，個への対応を心がけよう
- ◆何をするかが分かるまで，できるまで支援を継続しよう

2章 「朝学習時・朝の会」の見取り術

1 敢えて静かにして声を上げない教師で

 子どもの切り替え方・今日の子どもの集中力・問題行動

❶ 子ども一人一人の目・指・体の動きで集中力を見る

　子どもたちは，朝学習の時間が始まると，自ら学習に向かう子，まだバタバタ準備をしている子，ボーッと遠くを見つめていてなかなかエンジンがかからない子など，さまざまである。

　じつは，この朝学習の時間の過ごし方も生活習慣づくりや学力づくりに大きく関わる。子ども一人一人の目・指・体の動きを見ていると，朝のその子の気分や落ち着き方などが一目瞭然である。

　担任は，朝学習の始めに一声かけて，その後は自分も読書や教材研究の本などを読むフリをする。視線を子どもと合わせないのである。この視線を合わせないことは，とても重要で，この時間に子ども自身への自主学習への促しと「自分でする」というある種の責任感を植えつけることに繋がる。視線を合わせることで，子どもたちは，「見られているから朝学習をしなきゃ。」と考えるようになる。つまり，"朝学習は先生が見ているからしないといけない"という受動的なものになってしまう。そうなると，先生が見ていなければさぼれるという意識も湧いてくる。そこから，学級が乱れていく。

　朝学習時の学級をまわると，すぐにそのクラスの善し悪しが分かる。朝学習時に担任が大きな声を上げている学級は，学力の保障も生活力の保障もないといっても過言ではない。

❷ "教師が声を上げない"ことは，朝学習の習慣化を図る意図も

　「朝学習時に教師が声を上げないなんてできない！」という教師がいるかもしれない。「私の学級では〇〇さんが騒いで手がつけられないから，私が叱らないと！」などという教師がいたら，とても残念である。その教師は自意識過剰で「子どもが学習することの意味を深く考えていない」教師であると言えよう。その教師は「自分がさせないと，この子は学習しない」と思い，クラスに響き渡る声で他の30名の子どもの自学自習の邪魔をする。そういう教師の学級ではいずれ子どもたちの学習への集中力がとぎれ，遊び出す子もが激増してくるはずである。

　担任が，静かに朝学習の時間，そこにいるということは，クラスの子どもたちの自学自習の精神を伸ばしていくために重要である。その意味でも，担任は，静かにして子どもたちの自学自習を進めさせる意識をもち続けていくことが大切である。

　朝学習は，その子に学習への主体性を身につけさせるものとして考えておくことが，肝心である。

🔑 見取りのキーポイント

- ◆朝学習の始めに一声かけよう
- ◆朝学習時，教師も何かをしているつもりで子どもと視線を合わさないようにしよう
- ◆朝学習時，子どもの目・指・本の動きを見るようにしよう
- ◆朝学習時，教師が大きな声を上げないようにしよう
- ◆子どもの自学自習の促進は，朝学習時の教師の姿にあると心得よう

2章 「朝学習時・朝の会」の見取り術

 朝学習中に体の動きのある子は，敢えて見守る，その場にいく

見取れる内容 子どもの自主学習への集中力・今日の子どもの気分・問題行動

❶ どうしても指導の必要な子は，その場にいって見ている

　朝学習時の担任の行動は，子どもたちの学習時の落ち着き方や学級での生活の仕方に繋がる。クラスには，必ず一筋縄ではいかない，配慮の必要な子どもがいる。時にまだ学習の準備ができていなかったり，不登校ぎみで朝学習ギリギリに登校したりする子もいる。他の子とおしゃべりをしていて，なかなか学習に気を向けられない子も見られる。そんな時，教師の見取り術と指導方針で学級の姿は一変していく。

　教師が大声で朝学習ができていない子を指導すれば，それはその子を含め，クラスの静かに学習している子どもたちからの反感となって，いずれ，学級は朝学習時に落ち着かない雰囲気になってくる。

　どうしても指導が必要な子どもには，その場にいって静かに見守るか，「何か，困っているの？」と聞き，同じ方向を見ている立場で声をかける。そうするとその子は，しっかりと好意的反応で返してくる。反対に「何やってんだ？朝学習だぞ，早く準備しろ！」と言い放つと，その子は担任から離れていく。これが今の時代の現実だ。

　朝学習の時間，担任は，できるだけ，動きだけで子どもに指示を出すようにしておくと良い。例えば，朝学習の内容を黒板に書いておくことも，担任が大声を上げずに指導できる方法の一つである。

❷ まわりに迷惑をかけない配慮は，まず教師から

　朝学習は，自学自習を推奨する時間である。つまり，他に迷惑をかける行為は，禁物である。それは教師であっても同じことである。朝早くから怒鳴り声を上げられると，いまの子どもは逆ギレする。これは，私が教師として実感している昔と変わった点の一つでもある。

　話をもどすと，だからこそ，教師が朝学習の時間にどう配慮して子どもを見ていくかが，いまの学校現場で問われるのである。まわりに迷惑をかけそうな子どものところへ敢えて行って，何に困っているのか，何ができないのかを教師が知ることで，新たな発見があるかもしれない。また，教師が自分の近くまできて聞いてくれることで，その子自身が教師に対する信頼を深くする一手にもなる。配慮のある教師は，いまの子どもには好かれる。いまの保護者も配慮のある教師には好印象をもつ。

　大切なことは，学級担任がどれだけの考え方で，どれだけ配慮をしていくかで朝学習は大きく変わるということだ。また，ただ静かに学習しているかのように見えているだけで満足している教師は，見取りが甘いとも言える。一人一人がどのように静かに学習しているかを見ていくことも時には必要になる。

🔑 見取りのキーポイント

- ◆朝学習に取りかかれない子の近くにいって，何をしているかを見取ろう
- ◆「どうしたの。」などと同じ方向意識で声をかけよう
- ◆学級の集中力を削がないように静かな状態を維持するよう心がけよう

2章 「朝学習時・朝の会」の見取り術

3 「手紙回し」などをさせない
鋭い目と緊張感を

見取れる内容 子どもの性格・交友関係・今日の子どもの気分・問題行動

❶ 子ども同士が，生活指導に値する行動をとってないか？

　「まだ朝学習だから，まあいいや。」などと甘い考えでいないだろうか。じつはそれが，学級担任としての命取りになる。荒れる学級は，朝学習時から駄目なことが多い。子どもが立ち歩き，集中力を欠いた学級の姿が見られる。中には，手紙回しなどを平気で行っているグループや目配せをしている子ども同士もいる。担任は，大声を出している。自学自習の時間こそ，子どもに育てるべき，勉強の仕方を身につけさせる時間となる重要な場なのである。つまり，学級の学力はこの時間の様子で変わると言っても過言ではない。

　朝学習の時間の子どもの態度は，担任がいないときに自習をする子どもの態度や家で宿題をする子どもの集中力とも繋がるのだ。朝学習時に「手紙回し」をしているようでは，担任をいつでもあざむけると感じている子どもの集団ができあがっている証拠である。だからこそ，朝学習時の担任の見取る意識と緊張感は最大限のものでありたい。子どもが何をしているのか，手元をしっかりと見て読み取れる教師のまなざしと緊張感が必要である。

　「この先生，たまに私たちを見ている。」「さりげなく，時々，私たちを見にくる先生だ。」などと思わせ，「へんなことはできない。」と思わせる担任になっていないといけないのだ。

❷ 朝学習の徹底を図るために

　朝学習は自学自習の姿勢や態度を身につける貴重な場でありながら，とても重要な時間である。なぜなら，この朝学習で身につける姿勢が，これからの人生の中でのすべての「一人で勉強する姿勢」の基礎になるからである。考えてみてほしい。図書館などで勉強している大学生や受験生は，まさに自学自習の姿と言える。また，何らかの資格や免許を取るために勉強するのも自学自習である。ゆえに，この朝学習で身につく集中力は，今後のその人の「勉強の仕方」に大きく関わるのだ。

　朝学習時にはみんなで守らなければならないルールがある（以下の３点）。
　１　静かに自学自習する
　２　他の人に迷惑をかけない
　３　自分のしていることに集中する

　この意識は，子どもたちに徹底させることが重要である。また「手紙回し」などの生徒指導上の問題を他の子が見逃さない姿勢を学級で育て上げることも重要である。そのためには，担任への信頼感と「自学自習が自分の成長に役立つこと」の意識を学級の一人一人に育てていくことが必要になる。だからこそ，担任が一人一人の自学自習の仕方をしっかりと見取っていくことをしなければならないのだ。

🔑 **見取りのキーポイント**

- ◆朝学習時こそ，担任は緊張感をもって子どもの様子を見よう
- ◆朝学習の意味と意義，そしてルールを日頃から子どもに伝えておこう
- ◆「生徒指導上の問題の芽が朝学習時から現れる」という意識で真剣に朝学習に向かおう

2章 「朝学習時・朝の会」の見取り術

4 時に後ろや廊下で静かに掃除をしている教師に

 子どもの集中力・今日の子どもの気分・問題行動

❶ 子ども一人一人の集中力が見える

　子どもたちに少しずつ朝学習の意識がついてきたら,担任が子どもの視覚に入らないところで子どもの様子を見取ることも有効である。例えば,廊下に出て,子どもたちの作品を貼っていたり,汚い所の掃除をしていたりしても良い。この行為をなぜするのかというと,それは子どもたちの集中力を見るためである。気持ちが不安定な子,集中できていない子,普段から注意力散漫な子は,必ず教師を探す。その姿を担任は見取るのだ。

　このことで,学級のどの子にまだ自学自習の姿勢が身についていないかを見ることができる。また,中には教師の姿がないことで,目配せをして数名でノートに書いた絵を見せ合ったり,「手紙回し」を始めたりする姿も出てくる。

　ここで大切な見取り術は,「場を離れても子どもの動きを静かに注視している」ということである。「先生がいない。ヤッター!何か別のことができる。」この意識は,子どもたちには必ず起こる意識である。この意識をもち,行動に移す子どもは誰なのか,どの子がその意識に乗ってしまいやすい子なのかを見るためにも,「担任が教卓を離れて子どもの姿を注視する」動きは有効であろう。

❷ 見えた姿を無言で即指導へ

　子どもたちは，「即，朝学習に集中」などと簡単にはいかない。これもやはり訓練である。日々の静かな積み重ねの中で生まれ，育っていく姿勢・態度・意識である。「5分間の集中ができた。ならば10分間の集中へ」などと少しずつできるようになっていかなければ，繋がらないことである。

　そのためには，やはり，個々への指導が大事になる。朝学習時に見えた姿で間違っている姿は，その場で即注意が原則である。子どもは，今起こした内容には反省できるが，1時間前の内容を注意されても改善できない。また静かに注意も原則である。他の子どもたちの朝学習の集中力をきらさないためにも静かに注意することは大切である。もう一つ「静かに注意する」ことの重要な点は，その子の行為を他の子に知らせずに注意することである。いまの子どもは，プライドをもっている子も多い。静かに注意することは，その子のプライドを傷つけないことにも繋がる。

　外から朝学習を見ていて見えた姿を，サッとその場に行って無言で指摘する教師の鋭さに子どもたちは，ハッとする。「うちの先生，できるな。」と思うのだ。子どもにとって「侮れないすごい先生」とは，「自分のことを分かっていて静かに指導してくれる明るい先生」なのだ。いまの子どもは特に自分の方に向いてくれない教師を屁とも思わない傾向がある。教師として用心したい点である。いまの保護者もまたしかりだ。これらのことを肝に銘じておくと良い。

🔑 見取りのキーポイント

- ◆朝学習中，たまに子どもの視界から消えてみよう
- ◆誰が教師を探すか，しっかりと見取ろう
- ◆子どもの視界から消える動きは，朝学習が少し落ち着いてきたら行おう

2章 「朝学習時・朝の会」の見取り術

5 「静かな雰囲気」を感じさせ，集中力を育てつつ見ていく

見取れる内容 子どもの思考耐久力・学習への態度

❶ 朝学習の習慣化を図るための見取りを

　ここまで述べてきたように，意外にも「朝学習」は，子どもたちの学校生活の中でも「子どもの成長」という面でも重要で侮れないものがある。「落ち着いて自分の学習に集中する」ことができるように学級の雰囲気を進めていく必要がある。そのためには，朝の準備を朝学習時になだれ込んでくるようにする子や登校が遅くギリギリで登校し朝学習時に物音を出している子などを徹底して指導・支援していく必要がある。何より，朝学習の入りを落ち着いた雰囲気にすることが求められる。

　また，一人一人の子どもの特性や生活習慣を踏まえ，年度当初からこの意識を担任自身がもち，見取りと指導に一貫した姿勢を貫くことが，「朝学習」の定着には欠かせない。

　担任は「大声を出さず，落ち着いて振る舞い，個々の支援に向けたその場での見取りと即指導」をすることが効果的である。静かな「勉強できる雰囲気づくり」は，担任の構え方で変わる。イライラせずに一つ一つ行っていくべきである。

　特別に配慮のいる子も学級にはいるだろう。奇声を上げたり興奮したりして立ち歩く子がいないとも限らない。その場合は，特別支援会議等を開いてもらい，応援や具体的な支援を学校として検討することが望ましい。

❷ 集中力をつけることで授業に活かしていくことができる

　単純に計算して，朝学習時間を15分として１年間のうち学校へくる日を200日とすると，15×200＝3000分　3000分÷60分＝50時間になる。つまり，年間50時間の朝学習をしているのである。これを小学校では６年間，中学校では３年間していくのである。朝学習と言えども馬鹿にできない時間である。

　じつは，朝学習の子どもが学習に向かう姿勢は，子どもが問題を解き続ける「集中力」・考え続けようとする「思考耐久力」と大きく関係すると，私は考えている。朝学習がまともにできない学級では授業中の問題への取り組み方も甘かったり追究をすぐに諦めたりする姿があることを私は何度も見てきた。

　また，担任が出張などで教室を空けて，授業が自習になると，普段の朝学習のだらしなさが露呈することがある。そういう学級では「学習は先生がさせるもの」という認識しか，子どもに育っていないことが多い。自分のために，自分で自分が勉強するという意識が育っていないのだ。しかし，この意識はただ教師が口で言えば育つのではなく，日々の落ち着いた雰囲気の中での読書で得た知識への喜びや問題が解けた時の満足感などが相まって，子ども自身の中で育っていくものである。この点を意識して見取りと指導をできるかどうかが，優れた教師としての技術の深さを得るためにも重要である。

🔑 見取りのキーポイント

- ◆「静かな雰囲気を育てる」ために朝準備時からの見取りをしよう
- ◆一人一人の子どもの状況を理解して，早めに朝学習に入れるよう支援するための見取りを心がけよう

2章 「朝学習時・朝の会」の見取り術

6 「朝の挨拶」やり直させる教師に見えるものは？

見取れる内容 今日の子どもの気分・問題行動・クラスの雰囲気

❶ 「おはようございます。」の挨拶はどうとらえればよいの？

　朝の会の始めに行う「おはようございます。」の挨拶。あなたは，教師としてこの挨拶をどう考えているだろうか。どんな時にこの挨拶をやり直させているか。それとも一度もやり直させていないか。もしくは，やり直しさせすぎて，子どもに嫌がられていないだろうか。

　いずれにしても，朝の挨拶はすがすがしい方が良い。しかし週明け，月曜日の朝は，気のない挨拶になることが多い。声に出すことを億劫に感じている子がほとんどであろう。同時に「朝の挨拶なんて，適当で良いや。」と感じている子もいる。そういう子は，立っているのもかったるそうで，挨拶が終わるや否や座ろうとする。大きく声を出すことを，嫌がる子も多い。どの子が声を出しているか，どの子がかったるそうにしているかを見ておくことで，その子の考え方や家庭状況などを読み解くための鍵にすると良い。

　たった一言「おはようございます。」の言い方に，なぜこんなにこだわるのか。そこに担任としてのクラスの子どもたちへの願いや思いをもっているからである。じつは，挨拶一つでクラスの雰囲気も変わってくる。担任がこだわらずに，子どもたちがこだわることはない。また，そういうこだわりを子どもたちは，しっかりと見ている。これはいずれ，クラス全体を表す象徴的な姿にもなってくるのだ。

❷ 「朝の挨拶」の意味と日本の習慣・社会の常識を指導しよう

　私が「朝の挨拶」をやり直させるポイントは，三つある。一つ目は，全体に覇気が感じられない時である。二つ目は，勝手にやって勝手に座ろうとした子がいた場合である。三つ目は，全体的に声が出ていないときである。私は，「挨拶はすべてのスタートである気持ちの表現」であると考えている。特に社会に出れば，挨拶の仕方一つで出世も変わってくる。それぐらい日本の社会で挨拶は重要である。

　また「今日も学ぼう！」というやる気のある目覚めができているか否かも，朝の挨拶で分かると感じる。とにかくぼう然として朝を迎えるのではなく，今日も自分の生活を始めようとする気概を挨拶に乗せていってほしいのである。

　ゆえに私は，朝の挨拶の意味を必ず学級全体に伝えるようにしている。挨拶の大切さ，挨拶の時の態度や姿を相手にしっかりと表せるように伝えてきた。挨拶を軽んじている姿が見える子の多くは，家庭であまり言い聞かせられていないか，勉強ができることが最優先と考える家で育っている場合も多い。伝えるべきものはしっかりと子どもに伝えていこうとする教師の意志を大切にしたいものだ。

🔑 見取りのキーポイント

- ◆「朝の挨拶」をやり直させる，あなたのポイントを考えよう
- ◆朝の挨拶をしていない子をその場で問いつめないようにしよう
- ◆みんなで朝の挨拶をするとすがすがしいという感覚を伝えよう
- ◆朝の挨拶の意味を伝えよう

2章 「朝学習時・朝の会」の見取り術

7 朝の歌,たまに歌う曲を変えてみると見えるものがある

 子どもの性格・クラスの雰囲気

❶ 今月の歌ばかり歌うのではなく,他の歌も取り入れよう

　朝の会で「今月の歌」を歌ったり歌わなかったり,合唱コンクールの時だけ一生懸命に歌を歌ったりなど,さまざまな学級があるかと思う。基本,歌う機会がなければ子どもは歌を歌わなくなる。突然「これから歌うぞ。」と担任が言っても子どもは気が乗らないのが現実である。真面目な子や合唱コンクールのリーダーになった子だけが張りきってしまうと,学級内の交友関係などにヒビが入ったりして,合唱コンクールの終わりから集団的疎外感を感じ,「いじめ」へと発展するケースも少なくない。

　私は,時々,子どもたちに受け入れられやすい,心に響く歌詞の,流行の歌を歌わせることがあった。歌なしCDなどでその歌を流してみんなで歌うようにした。「大きな声で歌うことが目標ではなく,歌そのものがみんなにとって良いものなんだ。」と認識させるようにした。

　こうすると,正義感を感じる子が出てきたり,歌を歌いたがる子が出てきたり,中には歌詞に感動して泣きそうになる子が出てきたりした。子どもたちの琴線に触れる話や歌を取り入れると,子どもたちは,担任の話をよく聞くようになる。その子たちは,担任の粋なふるまいを感じ,多くの場面でクラスのために積極的になってくれた。

❷ 歌が人を変え，学級に潤いをもたらす

　一見，「なんだ，ただの歌じゃないか。」「つまんない。いつもおなじ歌で。」などと言う子どもがいる。しかし，心から同調できる歌詞や歌のメロディーを聞くと，変わる子どもも出てくる。中にはグループで生き生きと班活動をしたり，口ずさみながら，手伝いを進んで行ってくれたりする子どもも出てくる。

　しかし，大切なことは，選曲は担任のみがするということである。子どもたちに聴かせたい歌を選曲するのだ。ちょっと子どもたちが調子づいてくると，自分たちも家から曲を持ってきていいか，ということになるが，これは危険である。朝の歌の時間が野放図になり，崩壊していく。

　ゆえに選曲は，あくまで担任が行い，心へ響く歌を選曲していくのだ。また，それほどコロコロと曲を変えないで「今月の歌」と担任の選んだ歌を交互に歌っていくようにするなどの配慮をしていくと，子どもたちは学校や授業で「歌うこと」を嫌わない子になる。

　また，心から歌うことに感化されやすい子や歌うことを楽しめる子で，普段ちょろちょろしている子を合唱コンクールの指揮者などに抜擢すると，かえって学級に締まりが出て，良い学級になる。「たかが歌！」と思うかもしれないが，子どもたちの心に届くように工夫すると，意外に子どもたちの心が見えてくるのだ。

> 🔑 **見取りのキーポイント**
> ◆時々「今月の歌」を心に響く歌詞の歌にしよう
> ◆選曲は，必ず担任がしよう

2章 「朝学習時・朝の会」の見取り術

8 「10の○」から見えること

見取れる内容 交友関係・子どもの帰宅後の生活・問題行動

❶ 朝の会の当番の「10の○」発表で見えるものは？

私は，小学校高学年を担任しているとき，朝の会に当番の「10の○」発表を入れておいた。10回の句点がつく文章を発表すれば良いものである。当番の子は，たわいもないことを言う。

（例）「ぼくは昨日○○さんと□□さんと，△△さんの家で遊びました。始めは，ゲームをしました。それから外に行って野球をしました。公園でやりました。途中で球を見失って，みんなで探しました。近くにいた××さんたちも探すのを手伝ってくれました。球は見つかりました。楽しかったです。またしたいです。今度は球をなくさないようにしたいです。」

このように昨日あった出来事や遊んだ友だちのことを伝えたり，自分が今はまっていることなどを紹介する。この活動を入れることで，子どもたちの今の嗜好や友だち関係などを知り得たり，時には生徒指導上の内容に触れるようなことを知り得たりする。何より，その子の下校後の動きを知ることができ，子どもの家庭や地域での様子を知るのに有効である。

また，この発表の仕方は，じつは作文にも応用ができる。たわいもない話のようだが，子ども自身が即興的に文章をつくる訓練にもなるのだ。教師側からすると，作文という学力的側面と，子どもたちの真の姿を知るという，子ども理解的側面の二点から有効な方法であると言える。

❷ 「10の○」を生かして

　「10の○」を担任は，どう生かすか。私は，まずその子との会話のネタによく使った。例えば，先ほどの例について話すと「○○さん，野球のグローブとか，持ってるの？」「△△さんの家って，ゲームがいっぱいあるの？」など，「10の○」を手がかりに，より深い話をすることでその子との信頼関係を深めていった。

　この活動について，私が一つだけ絶対に守ったことは，みんなのいる中で教師が質問したりしないということである。必ず，その子と一対一の時に聞いたり，会話したりしていた。これは，それぞれの子どもたちにプライバシーがあって，教師だから勝手に何をしても良いというものではないからである。

　その会話で知ったことは，他の子どもたちに言うことも決してしなかった。それは，「この先生，口が軽い！」と子どもに思わせないためである。子どもたちは，その担任の情報を共有していることも多く，「口の軽い先生だ」と思われると，次の時に話してくれなくなる。そこは注意していくと良い。

　私は，この「10の○」が子どもの今を知るための情報源として，とても役立ったことを覚えている。

🔑 見取りのキーポイント

- ◆「10の○」を手がかりにその子との信頼関係を築いていこう
- ◆プライベートな会話は，必ず一対一でしよう
- ◆子どもから聞いたことは，勝手に他人に言わないようにしよう

2章 「朝学習時・朝の会」の見取り術

9 子ども同士で質疑応答の機会をつくる

見取れる内容 子どもの学習準備の仕方・子どもの性格・交友関係
今日の子どもの気分・問題行動

❶ 「10の○」の後に質問コーナーをつくる

「何か聞きたいことは,ありますか?」

「10の○」が終わった後,当番が言うと,すぐに手を挙げる子がいる。だいたいがその子の友だちでニコニコしながら質問する。先ほどの例に続けるなら「ボールは誰が見つけたんですか?」や「ゲームは何をしたんですか?」などの質問がすぐに上がってくる。

この質問コーナーでは,当番の子の親しい交友関係を把握できる。また,しっかりと話を聞いている子や朝から積極的な子の様子を知ることができる。少し配慮がいることは,人前で話すことが苦手な子や,友だちが少ない子の場合である。担任が参加することもあるが,学級の中で万人を助けようとする子が手を挙げたりもする。そのような人の良い子の存在もこの場面で知ることができる。質問コーナーは当番になった子の学級内での周りからの見られ方を知る機会として有効だと言える。

学力的側面から見ると「人の話を聞いて,質問を考える」というトレーニングにもなる。さりげない話を聞き,質問するためには,相手(発表者)の話をよく聞かなければならない。その意味では,子どもたちは,人の話をよく聞こうとする態度が身についてくるのだ。

❷ 学級の中での交友関係やその子の意外な趣味を知る

　この質疑応答をすると，必ずその子と近い子が質問をする。これにより，学級の誰が誰に心を開いているかを知ることができる。また，学級で孤立的な子の場合は，ほとんど質問がないという状況もある。少し残酷でもあるが，担任としてはっきりとその子の孤立感を認識していく機会となる。その上で，孤立的な子の話をもとに休み時間などに担任が話しかけるようにし，その子の孤立感の解消に向けて対応していく。会話を通して担任と近い所にいる他の友だちと繋いであげるように私はしていた。だいたい，担任の近くにいる子は担任思いだったり，誰とでも仲良くできる子だったりする。担任が繋いであげることで，孤立的な子にも友だちができる。この「質問コーナー」は，そのとっかかりをつくるために有効なものでもある。

　この質問コーナーは，人の話をしっかりと聞き，自分で質問を考えるという点で，学力向上，特に国語の作文や「聞き取り」問題の練習になる。朝からぼう然としている子が多い中で，この活動を入れることは，聞く力をつけるためにも有効である。

🔑 見取りのキーポイント

◆質問者がどんな子かで，子ども同士の交友関係を知ろう
◆質問者の少ない子の学級での様子を再度確認しよう
◆学級での質問コーナーを，子どもと子どもを繋げることに生かそう

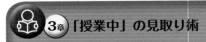

 子どもの性格・今日の子どもの気分・動き出しの具合

❶ 「考え―描く」活動を入れることで子どもの思考の動き出しが見える

　２連休，３連休後の朝，子どもたちの動きは鈍い。漢字の書き取りや計算ドリルなどの活動も能率が悪く，中にはキレ始める子もいる。ボーッとしている子や外を眺めている子など，エンジンがかからない様子が見受けられることもしばしばである。

　そんな時，私は１限が国語の時によく「考え―描く」活動をさせた。「『俳句：静けさや　岩にしみいる　蝉の声』（松尾芭蕉）。さあ，この光景を作者も入れて描いてみよう！」すると「先生，棒人間でも良い？」と子どもが言う。「ああ，良いよ。」と言うと，考え，書き始める。例えば，１限が算数の時，「Ａさんの家から学校までは800m，学校からＢさんの家まで600m。Ａさんの家からＢさんの家まで何km何mでしょうか？」という問題があるとすると，私はまず問題を書き取らせ，その後に「この様子を絵に表してみよう。」を必ず入れた。

　最近の子は，ちょっとした「絵」や「漫画」で表すことを好む。１限の授業は，子どものやる気が感じられないことがある。私は，そんな時に光景を簡単に描く活動をよく取り入れた。どんな子もできそうな「絵で表す」活動を使うことで，子どもたちの動き出しの様子を見取ることが有効である。

❷ 「考え―描く」ことで見えるもの・鍛えられること

　できない先生ほど，朝から「○ページから○ページ」の書き取りや漢字・計算・プリント学習をさせる。それを続けることで，子どもたちは，その教師を嫌いになる。1限の授業でこれをすると，教師は見ているだけで良いのだから，楽である。しかし，こんな教師の学級は，必ず子どもが授業を嫌になったり，いずれは離席をしたりする子が出るはめになる。学級崩壊もあり得る。

　大切なことは，1限にどんな子でも興味をもってできるちょっと考える活動を入れることだ。「考え―描く」描写を，1限のまだ考えたくない子どもたちに行わせる。このことで，子どもたちがちょっと考えたくなったり，自分の表し方を自分で楽しんだりして「思考の場」つまり「学習・授業」に入ってくるのだ。

　こんな活動を繰り返すことで，どんな子どもたちも表現することが嫌でなくなり，自分の考えを書く子になってくる。つまり，「考える子ども」に近づくのだ。これは，学力向上にも繋がる。授業後にノートを集め，「描いている」部分に大きな花丸をつけてあげることで，子どもたちへの意欲づけにもなる。

　また，いまの子どもたちは，「家に帰るとゲーム」という子も多くいる。軽く反射的に「考え―描く」ことの入り口を1限にもってくることで「学習・思考すること」へのウォーミングアップになる。

🔑 見取りのキーポイント

- ◆1限に軽く「考え―描く」活動を入れてみよう
- ◆主要教科で「考え―描く」活動を入れてみよう

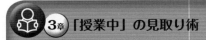

2 目立つ子に注意を入れすぎるとクラスは荒れる

 子どもの習性・交友関係・子どもの気分変化・問題行動

❶ クラスで目立つ子って、どんな子?

　先生の中には、常に同じ子にしか注意をしない先生もいる。要するに「その子の言動がおかしい。その子が悪い。」と決めつけている場合だ。特に最近多いのは、クラスでも多動性が強く、配慮のいる子の動きを止めるために、大声で指導する先生である。これでは、かえってその子を興奮させ、先生の話を聞かなくする一方である。また、クラスで力のある、もしくは人気のある子を叱る場合も、大きな声で人前で、というのは、以後子どもたちが先生や担任の言うことを聞かなくなる可能性がある。またクラスでは、あまり目立たないけれど、他の子よりも動きが遅く、必ず遅れる子を教師が注意ばかりしていると、クラスの中で、その子が嫌われるようになり、いじめの芽になりかねない。クラスの他の子が、教師の注意している姿を見ている。その教師の姿をまねしたり、時には批判したりもする。そこから、クラスの雰囲気もできてくる。だからこそ、担任の言動は、クラスづくりに大きな影響があるのだ。

　つまり、先生や担任は、見取りの段階でどう本人に伝えていくかを考慮していく必要がある。先生や担任自身が興奮していて、相手を制すために叱るのではなく、何が良くなかったか、具体的に子どもに分かるように冷静に伝えていく姿勢が、いまの教師には求められている。

❷ 周りが見ていることを自覚する

　昔は,「先生がおっかない。」だけで済んだ時代もあったが,いまはそんな時代ではない。教師の叱り方一つで裁判にもなる時代である。教師の言動は,本当によく吟味して出していくことが求められるのだ。
　「先生が子どもの胸ぐらをつかんだ。」これだけで体罰だ。見ていた他の子が家庭やネットで拡散させる。すると,「体罰調査」などで必ず上がっていく。
　教師にとってはやりにくい面もあるかもしれないが,そんな時代である。だからこそ,見取りとその後の冷静な判断が重要になる。「いまの子どもの言動のどこが指導に値するのか。」「どのように指導を入れると,この子の場合,このクラスの場合適切なのか。」「この子との信頼関係はできているのか。」「後でこっそりの指導で大丈夫なのか。」などを判断し,次の行動に出るのが良い。
　教師も「周りから見られていることを自覚する言動」を心がけなければならない時代である。だからこそ,適切な「見取りと判断」が重要になるのだ。
　担任は,見取りの段階で問題ありと判断したが,どう指導していけば良いか,分からない時がある。そんな時は,同僚の先生方に遠慮なく相談すると良い。互いの意見交換の中で見えてくる指導方針もあるはずである。一番悪いパターンは,子どもの言動で悪いと思いながら,見て見ぬふりをすることである。必ず,そのしわよせは,クラスの次のトラブルの種となる。

> **🔑 見取りのキーポイント**
>
> ◆常に教師も見られているという意識をもとう
> ◆冷静に「見取りと判断」を行おう
> ◆子どもの行為を叱りつつ,その子の人格を尊重する姿勢をもとう
> ◆他の教師に相談する姿勢をもつことが肝心

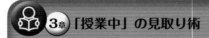

3 授業中の子どもの足の動きに癖が出る

見取れる内容 子どもの学習集中度・子どもの癖

❶ その子らしさが，集中度が，足の動きに出る

「椅子を引く」「机に向かって座る」ただ，これだけのことである。しかし，できない子はできない。いつも足を通路側に投げ出していたり，姿勢悪く，突っ伏していたりと，座り方もさまざまである。

中には，上半身は何でもないが，足で貧乏ゆすりを繰り返す子やうわ履きを脱いでいる子など，その子の特徴は，机の下の方でも分かる。また，同じ貧乏ゆすりでも，イライラしていてそうする子もいれば，自分で集中してものを考えている間，それをしている子もいる。一人一人の特徴が，心持ちとともに体に出てくる。

「えーっ，そんなことないでしょ！」「足の動きからなんて，何が分かるの？」という教師がいるかもしれない。そんな方は，自分のクラスの子どもを思い出してほしい。あなたがいつも「姿勢！」と言っている子は決まっているのではないか。いつも姿勢で注意する子は，同じ子ではないかと。足の動きも見てみると良い。子どもによって，本当に特徴が見られるはずである。

時に，机間巡視している際に足の動きを見てみると，その子の意外な姿が見られるはずである。

❷ クラスの姿勢の悪さは，年度初めの出会いから修正すべし

　多くのクラスを見たり，受け持ったりすると，さまざまなことが分かる。そのうちの一つは，「子どもたちの授業中の姿勢が悪いクラスは，荒れ始める」ということだ。そんなことはないだろうと思う人もいるかもしれないが，姿勢には学習に向かう子どもたちの気概が表れているのだ。授業が面白くなく，教師が姿勢にまで気を使わないクラスは，子ども自身に「やる気」が湧かないのだ。それが，子どもたちのそれぞれの姿勢に出る，ということである。

　担任は，年度当初から子どもたちの授業中の姿勢にも気を配り，常に学習のおもしろさと集中できる姿勢について，子どもたちに伝えていかなければいけない。公開研究授業等でクラスに入ると，子どもたちの姿勢で，そのクラスの子どもたちの学習に向かう意欲が分かる。担任が子どもたちに学習の楽しさと学習時の姿勢について，これまで伝えてきたかどうかが分かるのだ。授業中に「はい，姿勢！」と声をかけるだけでも良いが，「姿勢と学習意欲」とは，繋がっていることを理解してほしい。つまり，授業中の子どもの姿勢は，担任や教師が育てるものである。

🔑 見取りのキーポイント

- ◆机間巡視でその子の足の動きをチェックし分析しよう
- ◆授業中の子どもの姿勢は，教師が育てるものと心得よう

3章 「授業中」の見取り術

4 持ち物の華美化は,トラブルのもと

見取れる内容 子どもの性格・学習への関心度・交友関係・問題行動

❶ 勉強しない子に限って,へんな物を教室に持ち込む

　子どもたちの中でブームは必ずある。学校には必要なもの以外持ってきてはいけないことになっているが,あまり勉強には熱心でない子からこのブームは,始まってくる。

　例えばシャーペン,におい付き消しゴム,ランドセルにつけるチャームなど。先生に注意されないように隠して,もしくはさり気なく持ってくる。

　「先生,△△さんが○○を持ってきてる。いいんですか？」など,先生に近い子が指摘する。教師が注意しないでいると,他の子も持ってきたりして,そのうち「先生,僕のシャーペン,なくなりました。」などと言ってきてトラブルになることもある。中にはカバンにつけておいたチャームがひきちぎられていた,などという事件性のあるものや,「誰かが僕のシャーペンをぬすんだ。」などの訴えも出てきたりする。相手がある事案は,いまの時代,とても厄介で,その後,事後処理に時間をかけなければならなくなる。

　子どもたちの持ち物に目を向けていると,子どもの行動の仕方や興味の方向が分かる。教師は,常にカバンや筆箱などの様子にも目を配り,学校に必要のないものを持ち込んでいないか,チェックしていくことが求められる。

❷ 持ち物の指導は，見つけたら早めにする

　意外にも授業中に子どもの持ち物の異常に気づくことが多い。机間巡視をしていると，だいたい後ろの方の子の机上で見つけ「あれっ。」と思うパターンがある。

　見つけたら，次の休み時間でも「あのね，こういう物は，大事にしたいよね？」と本人にまず聞く。すると，「うん。」と本人が言う。「そうしたら，家に持って帰って，もう学校へ持ってこない，分かった？」と問う。「うん。」と言ったら，「今度また持ってきたら，先生が預かるからね。」とさりげなく言うようにする。この指導を，見つけるごとに即言い続けることが重要だ。ここをだらしなく，おざなりにしていると，クラスでの持ち物だけでなく，他の子の教師への見方も変わってくる。「あれが容認されるのか。」と他の子は思う。「じゃあ，これはどうだろう。」と担任や教師を試してくるようになる。

　クラスの荒れは，ここから始まる。少しでも他の子を見逃して，別の子を指摘すると「先生，ずるい。」「○○ちゃんだけ良くって，なんで私は駄目なの。」などと言われることになる。

　「持ち物の乱れは，心の乱れ！」とよく言われる。じつは持ち物の乱れは，クラスの乱れにも繋がっていくのだ。持ち物の乱れには，即対応。そして，静かに対応が原則だ。他の子に知られることで逆に反発する子もいる。できるだけ，乱れの指導は，静かに指導！これも原則である。

🔑 見取りのキーポイント

- ◆机間巡視，机上や帰りのカバン姿で持ち物のチェックをしよう
- ◆「持ち物の乱れは心の乱れ・クラスの乱れ」に繋がるので静かに，即指導しよう

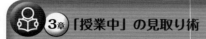

5 次時の忘れ物は，前の授業終わりに把握を

見取れる内容 子どもの学習準備の仕方・子どもの性格・忘れ物の傾向

❶ 次時の忘れ物は，前の時間の授業終わりにチェックを

　授業が始まって少し経つと，「先生，○○を忘れてきました。」と言ってくる子が出る。「となりの△△さんから見せてもらって。」教科書なら，まだそれでも良いが，課題プリントを忘れてきて，授業は各自での丸つけから始まる場合，その忘れた子だけが，ぼう然としていて良いわけがない。本来は，忘れたのだから厳しく指導したいところだが，なにせ，授業が始まってからなので，どうにもできない。中には，先生が急いでコピーを取りにいくなどということも少なくない。間抜けな感じすらする光景である。

　みなさんは，こんな光景に出くわしたことはないだろうか。

　この時間だけで5分の授業時間のロスになる。また，他の子は，その時間待っていることにもなる。せっかくの授業の入りが台無しになりかねない。

　私がよくしていたことは，前の授業を少し早く終わらせ，そしてその場で，次の時間の準備をさせることである。習字になると，習字道具を忘れた，新聞紙がない，などの多くの忘れ物状況が判明する。それに合わせて，私も次の時間がスムーズにいくように授業の準備をしていた。そうすることで，忘れ物による時間のロスなく授業を行うことができる。

　だからこそ，次の時間の準備を前時の終わりに担任や教科担当が確認することが重要になる。

❷ ただ「次の時間の準備をしておきなさい。」ではダメ！

　次時の準備のことを気にかけて，前時終わりに「次の時間の準備をしてから遊びに行きなさい。」などと言っている教師は多いと思う。
　ここで一考である。これで先ほどの授業時間が始まっての5分のロスは，解消できるだろうか？
　私は，できるだけ前時終わりにこう言っていた。「次の時間，○○と□□を使うよ。机の上に出してごらん。ない人は？」と。そして手を挙げさせた。「ない人は，他のクラスから借りてくること。」借りてくるまで教師側も待っていた。もしくは「プリント忘れた人，手を挙げて。」と言い，前時終わりに忘れた子の数を知って，休み時間にその人数以上の分を用意しておくようにした。
　さりげないことのようだが，「忘れ物」は授業の出鼻をくじくことがある。教師や担任の機転の利いた対応が必要になる。
　最近では，「子どもの学習権」の観点からも「忘れても学習できる場の保障」が当たり前になってきている。その意味でも担任や教師が，「忘れ物予防及び対応術」をしっかりともっていないと，ワンランク上の教師にはなれない。

🔑 見取りのキーポイント

- ◆前時終わりに次時の忘れ物チェックをしよう
- ◆確実に机上に出させて，忘れていないかの確認を子どもの目でさせよう
- ◆「忘れ物対応」を常に頭に入れて，事前準備をしよう

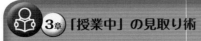

6 子ども自身の努力の量が，授業やテストに反映される取り組みを

見取れる内容 子どもの性格・テスト前勉強の仕方・子どもの能力

❶ 子どもの努力と能力がはっきり分かる！答えありきのテスト

「漢字50問テスト」や「計算テスト」など，ある程度出るところが決まっているようなテストの場合，しっかりと準備してテストに臨む子や，「まあ，いいか。」と思ってテスト練習をほぼしないで臨む子など，さまざまな臨み方を子どもたちは見せる。このような取り組みでは，「内容が決まっていることに対して，どう臨む子なのか」を見取ることができる。事前にきっちり努力する子なのか，なんとなく面倒くさいことを後回しにする子なのかが分かる。

また，あまり努力の姿が見られないのに，常に100点を取る子もいる。能力やその子のキャパシティの大きさなども見取ることができる。

授業でも自分で調べたことをしっかりと発表したり，グループ内で伝えたりする子と，まったく必要を感じていないので調べ学習などもしてこない子など，その姿はさまざまである。これもまた，その子の「物事への取り組み方」や「興味関心のあり方」，そして学習に対する意欲などを見取ることができる。

このように，子ども自身が努力すれば良い解決できる課題を課すことは，一人一人の能力や取り組み方の特性などを知るために有効である。

❷ できるようになったことを知らせていく指導をする

　当たり前のことだが，学校は「理解できないことが理解できるようになる」所である。この信念をもとに子どもたちにテストに向かう姿勢や勉強の仕方などを個々の努力の仕方に応じて，その都度，指導していくことは，担任や教科担当として大切なことである。

　例えば，自分で勉強し始めるまでに時間がかかる子には，朝学習などで一斉にテスト勉強の時間を取り，自分自身の現実を自覚させ，自学自習に追い込むようにする。また，繰り返し勉強しても結果が望めない子には，敢えて「頑張り度」を見てあげることも必要である。「ほらっ，△△さん，これができるようになったね。」などと声をかけることが大事である。

　また，「自分で調べてこようとする」ことは，学習への意欲そのものである。「調べ学習」を授業のためにしてきた子には，最大の称賛を与える必要がある。そのような子の調べ学習ノートは，コピーしてその子の了解のもと，掲示したり学級だよりに載せたりすると，他の子の学習意欲喚起にも繋がる。

　つまり，一人一人の努力の仕方が分かる取り組みを授業などに組み込んでいくと，子どもそれぞれの努力の仕方を知るとともに，伸ばしていくべき点やそのための方法を考え指導することができるのだ。

🔑 見取りのキーポイント

- ◆努力の仕方が見える取り組みを年間で入れてみよう
- ◆一人一人の努力の仕方やテストのでき方からその子の性格や能力を知ろう

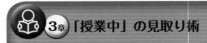

7 教師の巡視動線を変えてみる

 子どもの性格・学習への取り組み方・学習への集中度

❶ 後ろで立ち止まって見ていると、できた子からアピールがある

　いまは、授業分析が進み、「机間巡視は、このような動線で」などという話をよく聞く。それが正しいかどうかはさておき、私は、その動線を変えてみると意外に面白い子どもの動きを見ることができると思う。

　子どもたちの学習意欲が高まっている場合、自力解決の時間に机間巡視をしている先生もよくいる。中には研究授業の時だけ、いかにも素人感あふれる机間巡視をしている先生も見たことがある。「机間巡視」では、先生は何を見ているのだろう。子どもの課題解決の様子や問題を解いているか否かなどを見ていると思われる。

　意外に面白いのは、机間巡視の際、教室の後ろの隅から見ることである。すると、回答ができあがった子から教師を探す。必ず振り向いて教師の居場所を確認する。その姿を見てそこにいき、その子の回答を見るなどということもある。子どもは自分のできあがりを教師に確認してもらいたい、その気持ちから教師を探すのだ。後ろから子どもの様子を見ていると、子どもの解答している姿をしっかりととらえることができる。

　また、それとは反対に、ほとんどペンが動いていない子を体の動きで見取ることもできる。解答できない子や不安な気持ちを表す子も時に教師を探すことがある。その時も見逃さないほうが良い。

❷ 不安な気持ちの子や落ち着きのない子を見つけることもできる

　担任であれば,「どの子がどの教科が苦手か」くらいはもう分かっている。机間巡視をしていくよりも後ろで立ち止まっていると,多くの姿が見られる。

　例えば,頻繁に教師の姿を探す子や姿勢が悪くなりペンの運びが遅くなる子など,一人一人の課題に対する集中度が,背中や,教師を探す時の感じで見えてくる。教師を頻繁に探す子は,回答できずにいたり不安を感じていたりする。だから,その子のところにサッといって,ヒントや「大丈夫だよ。」の一言をあげると,「先生,見てくれている。」という気持ちをその子に抱かせることになる。不安でペンが進まない子・動きがなく自信のない子にも,そっと声をかけてあげる。こんなことで子どもの不安や落ち着きを支えることもできるのだ。

　自信ありげに教師を探す子には,近くにいって,ノートの記述を読み,こう言う。「すごいね!できたら,他の解き方も考えてごらん。」と。解答ができた子には,多くの解き方やこの後,だらだらしない方向性をつけてあげることも大事である。

　たまに,巡視動線を変えてみて,後ろから見てみると,意外に通常の机間巡視より効果が得られるかもしれない。

> **🔑 見取りのキーポイント**
> ◆たまに「子どもの視界から消える」位置で机間巡視をしよう
> ◆優しく安心感を出していく机間巡視を心がけよう

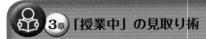

3章 「授業中」の見取り術

8 子どもの声は，子どもが見取った教師のずれを指摘

見取れる内容 子どもの教師への思い（好き嫌い）・問題行動

❶ 子どもの教師への指摘をよく聞くべし

　子どもたちが，担任批判などをしていたり，他の先生の悪口や陰口を言っていたりする光景に出くわすことがある。「あの先生，話が長いよね。」や「授業が面白くない。」「なんかキモイ。」など，言いたい放題言っていることがよくある（特に女子に多い）。私は，こんな時ほど，耳を傾けるようにしている。話をあおったり，同調したりすることはしないが，いまの子どもたちの本音の評価であるので，参考にしている。また，「失礼だ！」と怒っても良いが，それもまた空しくなる。子どもの感じていることを聞くと，子どもは，教師に本音を言ってくれる。このことは，いまの子どもたちに教師としての自分が，先生像としてどのように映っているのかを知る手がかりとなる。

　本音を言っている子どもたちと繋がると，今後も正直に担任や教師に自分たちの本音を言ってくれる子になる。その子たちと上手に付き合うことで，子どもしか知り得ない「いじめ」情報や子ども同士のいざこざ，SNSでの子どものやり取りの情報などが入ってくることもある。

　子どもたちの指摘を真摯に受け止めなくても良いが，子どもたちの声に耳を傾け，その指摘の意味やその思いを感じ取ることは，いまの時代の教師として必須のことである。耳の痛い話にはなるが，時々は，子どもの声に耳を傾けて，聞いてみよう。

❷ 「指摘を聞いてくれる，ふところの広い担任なんだ！」と思わせる

　よく教師のずれを指摘してくる子は，ちょっと頭の良い子，プライドのある子，クラスでも影響のある子などが多い。その子たちの指摘に怒り，大きな声でその場で指導すると，「一巻の終わり」となる。指摘した子どもたちは，反発を陰でするようになる。そして，もっと先生が嫌いになり，クラスの雰囲気を暗く陰気なものにしていくことは，間違いない。そんな教師のクラスでは，その後トラブルが多くなり，解消のために子どもたちが動いてくれなくなるのだ。

　例えば，先ほど指摘した子たちに「なるほど，そういう見方か。」などと言って「他にないか？」などと聞いてみると，子どもたちは，「あれ，この先生，怒らない。なかなかやるなあ。」などと思うかもしれない。そうなれば，こっちのものだ。「何かまた気づいたことがあったら，教えて！」と言い終えて，その場を去ると，必ずまたその子どもたちはやってくる。本音を言い，中には，クラスの大切な情報をもって担任に言いにくる子も出てくる。そこから，その子たちと信頼関係が生まれてくる。

　クラスの小生意気な側面をもつ子を手の中に入れる担任になるためにも，この「子どもの指摘に耳を貸す」ことは重要である。

　また，怒らず客観的に「子どもの指摘」を思い返してみると，意外に当たっている点もあったりする。

🔑 見取りのキーポイント

- ◆「子どもの指摘に耳を傾けること」でクラスをまとめよう
- ◆教師を指摘する子を，味方につけるのが得策

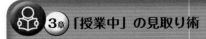

9 授業中に子どもが遊び出すのは，授業づくりのミス

見取れる内容 授業づくりのミス・クラスの解答具合・教師の授業の配慮点

❶ 授業中にただのしゃべり声が出るのは，授業づくりのミス

　「授業中，〇〇さんと△△さんがやかましくって。」若い先生が言ってきたセリフである。「〇〇さんと△△さんは何していたの？」と聞くと，「学習していましたよ。でも終わるとすぐにしゃべるんです。」と若い先生が言う。

　何かおかしい。授業中に授業に関わる話し合いではなく，「しゃべり」が多くなる。つまり，子どもが手持ち無沙汰で，暇になっているのが推察できる。それは，子どものせいなのか？

　「見取り」は，子どもの姿を通して，教師自身を考えていくためのものでもある。自分の授業づくりを見ていくことにも繋がる。決して，「子どもの良くない点」のみを見取るために「見取り」があるわけではない。例えば，教師は問題を解き終わった後の指示をしっかりと子どもに伝えているだろうか。することをして手持ち無沙汰な子を，ただ叱ってだけいないだろうか。授業の展開の中に子ども同士が関わり合い話し合う場面をつくっているだろうか？

　だからこそ，授業中の子どもの遊び出しは，授業づくりに欠けている点があることを考えさせてくれるヒントであるのだ。

❷ 子どもの暇を生まない取り組みの継続を

「活動が終わった子は，読書をしていてください。」などのように，授業中，活動が終わった子にしっかりと指示が出ているだろうか？

子どもたちにその指示が浸透しているだろうか？

私がよく使った手は「解答ができた子，書き終わった子がいたら，先生が『起きて』って言うまで寝ていていいよ！」である。

「なんて野蛮な！」と思われる方もいるかもしれないが，意外にこれが疲れている子どもたちとクラスを静かにさせるのに効果的だったのだ。

その意図はというと以下の通りである。しゃべりは他の子の思考を妨げる。寝ていれば，声は出ない。だから，「寝ていい！」。これは，子どもたちに「なんて良い先生だ。意外に面白い先生だ。」と思わせると同時に，いまの子たちの「疲れている」思いに寄り添い，子どもたちからは好評であった。また，教師が「解答が終わっている子」の様子を知るのに非常に便利だったのだ。だいたいの子が突っ伏して寝るので，考えている子の姿が見やすかったこともある。毎回これをしてきたわけではないが，回答時間に個人差がある場合やそれほど他の作業時間を確保できないときにこの手を使っていた。

私のやり方が正しいわけではないが，「早く終わった子」への指示を必ず出して，授業の隙間を埋めていくことが，教師の授業づくりの「基本」の配慮である。

🔑 見取りのキーポイント

- ◆活動が早く終わった子への指示を忘れないようにしよう
- ◆活動終わりの指示がなくとも，自学できるようにクラスを育てていくことが大事

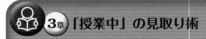

10 終わった子から手を組ませる〜課題解決〜

見取れる内容 子どもの課題解決の個人差・自力での課題解決者数

❶ 課題解決のスピードの個人差を読め

　国語・算数などの課題で子どもに課題解決の時間を与えると，個々によって解決に時間差が生まれる。ただ誰が課題解決を終えたかをしっかりと把握しないと，無駄に課題解決の時間だけが過ぎてしまう。

　そこで，私はよく次の手を使っていた。

　「では，終わった人は，手を組んで。」とよく言っていた。子どもは，胸の前でクロスして手を組み，私はその手を組んだ子の人数を数える。「自分はできた。」とアピールしたい子は，勇んで手を組む。その時に必ず次のようにつけ加える。「静かに手を組んでごらん。しゃべらなくていいよ。」と。これで静かに課題解決済みの子どもの人数を把握するのだ。

　この方法は，だらだらと課題解決の時間だけが長い授業からの脱却のために私が考えたものである。手を組んでいる子には，その時に次の指示を出すようにした。「他の解き方を考えてみよう。」や「解いた人は読書してもいいよ。」などのように。

　このように教師側が，机間巡視するだけでなく，子どもの動きの進捗状況を把握する手段が，時には有効に働くこともある。

❷ 無駄な課題解決の時間を与えないでよい！だから授業がしまる

　研究授業などを見ていると，課題解決の時間が無駄に長く，子どもたちが手持ち無沙汰になっている，などという光景に出くわす。子どもの実態と指導案での想定の時間，研究授業者は想定の時間を優先する。中には，難解な問題でまだほとんど子どもたちが解けていない時でも先に進む指導者もいる。これは，すべて，指導案ありきになっている。子どものその時の姿に応じて，課題解決時間は，左右されるべきである。

　その意味で，この「終わった人は，静かに手を組んでごらん。」の指示は，教師が，課題解決を終えている子の人数を瞬時に知るために非常に便利である。また，終わっている子は，ペンを置いて手を組むことで，他のことは，しなくなる。子どもの動きの抑制にも繋がる。

　私は，いままでだいたい$\frac{2}{3}$の子どもたちが手を組んでいれば，次の活動へ入っていた。半分以上でも，難解な問題では，次の活動に進んでいた。$\frac{1}{3}$くらいだと，もう少し課題解決の時間を子どもにあげないと，と思ってきた。

　このように，子どもたちに対応を促すことで，授業の無駄な時間を子どもの実態に応じて，削ったり伸ばしたりしてきた。このことは，授業をより効率的に行うためにとても有効であった。一度使ってみることをお薦めする。

🔑 **見取りのキーポイント**

- ◆課題解決！終わった子から手を組ませよう
- ◆課題解決時間を子どもの姿に応じて工夫しよう

3章 「授業中」の見取り術

11 授業中に合法的立ち歩きを入れると，子どもの交友関係がばっちり分かる

> **見取れる内容** 子どもの学習状況・子どもの性格・交友関係
> 子どもが信頼している相手

❶ 共同解決の前に，「解答を共有する場」をつくる

　私は，授業で個々の子どもの自力課題解決の時間を過度に長く取らない。それよりも，自分の解答と他の友だちの解答を，コミュニケーションで気軽に交流できるようにし，席を立って伝え合う活動を入れてきた。この活動のメリットは，自分の言葉で子ども同士が説明する機会を多く保障すること，恥ずかしくてみんなの前で説明できない子も口を開いていくことができること，また，自己解決できなかった子どもが，友だちと自由に交流する中で，解法や考え方をさりげなく知ることができることだ。

　この活動は，自然な肯定的コミュニケーションを図るため，そして授業の傍観者をつくらないためにも有効である。自力の課題解決場面で，解答が分からなかった子も次の共同解決の前にある程度，解答の方向性を知ることができ，勉強のできない子や勉強が嫌な子にも学習への意欲が出てくる。また，授業中に課題について，語り合う場を設けることで，子ども自身が主体的に関わっていこうとする意識が芽生えてくる。例えば，普段あまり話したことのない人とも共通の課題というだけで，容易に意見交換できるようになる。

❷ 子どもが信頼している相手が分かる

　この「解答を共有する場」(合法的立ち歩きの場)を取り入れることで,子どもが,学習や勉強で本当に信頼している相手を教師は知ることができる。
　これは,画期的なことで,交友関係のずれやいじめの発見にも繋がるのだ。
　例えば,休み時間,よくふざけ合っている子,特にいじられる側の子が,この合法的立ち歩きの場になると,いつもふざけ合っている相手の所に行かないことがある。他のもう少し優秀な相手に声をかけているという姿が見られる時がある。そこで,休み時間一緒にふざけているように見えるのは,あくまでいじられているのであり,嫌なことで,他に尊敬できる子と一緒にいたいという思いがあることが分かる。となると,休み時間でのふざけている関係は,いじられる側からすると,嫌だけど付き合っている関係であることが分かってくる。
　このように,授業中での本当の「学び」の場で,子ども自身が誰を選択するかは,その子自身の「友だちのとらえ方」を映す鏡である。そこでは,正当に評価している相手を子どもは選んでいる。この合法的立ち歩きの場は,子どもたちが本来交友したい仲間をしっかりと選んでいる場とも言える。その意味では,非常によく,一人一人の本音の交友関係を知る機会にもなる。

> 🔑 **見取りのキーポイント**
>
> ◆合法的立ち歩きの場では,子どもの本音の交友関係が見える
> ◆子どもたちが意見を交わす相手をよく見ておこう

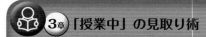

12 「テスト返し」の時に子どもの性格・家庭が見える

見取れる内容 子どもの性格・家庭の子育て観・問題行動

❶ テストの答案を返す時に,子どもの姿が見える

　最近,よく感じるのは,子どもにテストの答案を返した時の子どもの感情の出方が変わってきたことである。驚くのが,自分の答案をもらって,点数を見た瞬間にテストを破る子である。「先生,○○さんがテストを破っている。」と言われ,そこへ行くと,もうばらばらである。自分の意に沿わなかっただけでそのままゴミ箱に直行というパターンである。

　また,中には自分の解答を上手に直して分からないようにして,「先生,採点が間違っています。」と言って答案を持ってくる子もいる。最近は,こういう子も増えているように感じる。

　この背景には,自分の感情を抑えきれない姿や,家庭でテストの点数を過剰に意識されている姿などが見え隠れする。家庭で親からのプレッシャーを相当受けている子であることは間違いないが,中には配慮の必要な子も存在し,最近のテストの答案返しでは,子どもの抑えられない感情表現と家庭での過度なまでの点数主義の子育てを目の当たりにすることが少なくない。

　このような子どもの姿の変化は,テスト成果主義一辺倒の学校にも問題はあるが,日頃から子どもたちに,社会に照らして,どのようにテストの点数をとらえればよいかを伝えておくことも重要である。

❷ 点数主義家庭への対応は意外と厄介

　テストの点数を見て，怒り狂う子については，落ち着けてその答案を元に戻し，言い諭す他ない。強いて挙げれば，特別な支援が必要か否かを確認していく必要がある程度であろう。

　もう一方のテストの点数の改ざんを平気でしてくる子や，教師の採点の仕方にクレームをつけてくる子への対処は，少し注意が必要である。

　まず，採点時に間違っている場所に必ず朱を入れて，中には解答の間違い部分だけを教師が朱書きしておくようにしないといけない。昔，私は子どものためを思い，間違ったところをピンも何もつけずに返し，直したら100点満点にして返していたこともあったが，いまはそうはできない。後ろに家庭や親が見えるからである。テストの点数は，通知表や内申書などと確実に繋がっている。その意味では，公にその子を表すものでもある。だからこそ，誤解を招く採点の仕方は，事前に極力避けることが必要である。

　また，そのような子から見取れる家庭では，意外に学校や教師を馬鹿にしている雰囲気が見え隠れしたりもする。その意味でも対応が難しい。教師の側の落ち度を目にしたり耳にしたりするだけで学校へクレームを入れてこないとも限らない。テスト返しから見える子どもの姿と家庭の様子は，いまの時代を象徴しているかの如くである。

🔑 見取りのキーポイント

- ◆テスト採点時に，誤解のないように間違い個所を朱で指摘しよう
- ◆テスト返しの際の子どもの態度をチェックしておこう

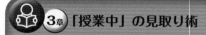

3章 「授業中」の見取り術

13 危険な動きをする子は要注意！周りの子がけがをする

見取れる内容 子どもの性格・子どもの危険行為・今日の子どもの気分・問題行動

❶ 起こってからでは遅い！危険な動きをする子は決まっている

　各クラスに必ずいる，いつも個人主義で周りをまったく見ていない子・考えていない子。事故はこの子の周辺で起こる。

　最近難しいのは，学校管理下の加害者ありの事故である。必ず被害者側の親は，相手方の落ち度と，学校の教師の対応を突いてくる。加害者側の親も学校の管理の仕方や子どもへの躾の仕方の悪さを指摘したりして，泥沼化する。そのことで担任や教科担当が，多大なストレスと精神的苦痛を強いられることは，言うまでもない。

　だからこそ，安全意識が乏しく，周りの様子を気にしないで動く子に注意を向け，時に非常に強く，予防的に指導を入れていく必要があるのだ。例えば，教室内を勝手に走り回る，集中力がなく大声を発する，周りとトラブルになりやすい，などの要件のある子は，よく見て注意していく必要がある。体育の時間や行事の際など，体を使って，他の子と関わる活動ではよく見ておく必要がある。また休み時間もどんな遊び方をしているか，危険なことはしていないかなどを見取る必要も出てくる。じつは，けがをするのは，その子ではなくその周りにいる子になることが極めて多い。

❷ 目と手の届くところで常に指導を

　安全感覚に乏しく，行動に危険性を感じる子は，座席で言うとやはり，先生の前，もしくは目と手がすぐに届くところに置いておく必要がある。理科の実験などでは，言われる前に勝手に火を使っていたり，周りの子が嫌がることをしていたり，ということもある。

　体育では，相手のあるもの，特にゲームなどの興奮を伴う競技が要注意である。突然，バットを飛ばしてみたり，近隣者がいるにも関わらずボールを思いっきり身勝手に蹴ってみたりと，そんなことをしても本人は笑っていたりして悪く思っていないような場面が見受けられる。徹底した指導と目を離さない姿勢が必要である。本人が自覚し，正気を保った動きを会得できるまで気を抜けない。いまの担任や教科担当などは，その意識を確実にもっておき，指導に当たらないといけない。休み時間も目を配っておかないといけないこともつけ加えておく。

🔑 見取りのキーポイント

- ◆危険な動きをする子をマークしよう
- ◆目と手の届く範囲に危険な動きをする子を常に入れておこう
- ◆長期的に自覚を促し，常に行動を見守ろう

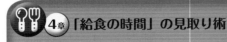

1 給食前に担任は，必ず教室からトイレ・手洗い場までは歩くこと

見取れる内容 子どもの交友関係・子どもの気分・問題行動

❶ 給食前には必ず「じゃれ合い」が見られる

「4時間目が終わった！」子どもたちはある種の解放感に浸る。男子は，馬鹿話をしたり，友達をからかったり，中にはわざと「トントン」と友だちの肩をたたいて隠れたりしている姿を見ることもある。

調子に乗って友だちのズボンを下ろそうとしたりしてふざけている子もいる。これは完全に相手の嫌がる行為で「いじめ」であるが，その認識すらなく，ふざけている。これが給食前の時間の光景の一つである。女子も何となく固まってグループごとでこそこそしていたりして，生徒指導的には目が離せない時間である。中には，トラブルになってしまい，担任の説教タイムなどということも珍しくない。

ここで一つ提案である。担任は，必ずこの時間にトイレ・手洗い場・階段の踊り場など，死角になるところをサッと見てまわろう。効果的なのは，クラスで配膳の準備が始まりかけて，多くの子どもが教室に戻ってきた時である。意外に死角になるところで，子どもたちが妙な動きをしているところに出くわすこともある。この時間が一番生徒指導上危ない時間である。なぜなら，休み時間は「遊びたい」「係の仕事がある」などの目的がある。放課後は「早く家に帰りたい」などの思いを子どもはもつ。だから，さほどつるんで行動することはない。しかしこの給食前の「しばしの時間」は，学級のす

べての子どもがいる割に統率がとれない時間であり，子どもたちにとっては学習から解き放たれた「解放の時間」である。この時間にこそ小さな「いじめ」の芽ができたり育ったりするのである。

❷ 死角を確認し，トイレ・手洗いを済ませた子から着席して自由に

　死角の場の確認は，必ずしておく必要がある。中には教室を抜け出して体育館辺りで隠れている子もいたりする。また学級には気が立ってくると学級を飛び出す子もいる。友だち同士の些細な言い合いで，そうなることもあるので，「トイレ・手洗いした子から着席して読書」などのルールを決めておく教室も多い。このことは大切である。実際学級の子どもの把握が着席することではっきりする。いない子が誰かはっきり分かる。このことに昨今の担任は注意しておかないと，大きな事件になることも少なくない。

　また死角に子ども集団がたまるようになってきたら，要注意信号である。学級への不満や担任への敵意が見えるようになっていてもおかしくない。

　子どもの不満の実態を敏感に察知し，フラストレーションから担任や友だちへの反発に至る前にその芽を潰しておく必要がある。そのために担任は，子どもたちがたまっている理由を確実に知ることが肝心である。

🔑 見取りのキーポイント

◆トイレ・手洗い場・階段踊り場などの死角をチェックしよう
◆給食前のルーティーンのルールを決めておこう
◆子どもがたまっている理由を知ろう

4章 「給食の時間」の見取り術

2 給食配膳中の教師の「絶好の立ち位置」は？

見取れる内容 クラス全体の状況・交友関係・配膳の量・問題行動

❶ 廊下・配膳の様子・学級が見渡せる立ち位置で

　教室で着席している子どもたちがいる。給食当番が配膳準備をしている。まだ廊下にたまっている子どもたちがいる。教師はすべてを見れる場所にいることが望ましい。廊下の様子，たとえ自分の学級の子どもが廊下にいなくとも何か起きた時にかけつけられるようにする。給食当番の配膳，おかずの盛り方に多い少ないの差はないか，また子どもによって差はないかなどを見ること。教室の様子，特段おかしい動きをしている子がいないかを見ること。教師としてこの観点からの見取りは給食配膳中に確実にしておかなければならない。

　同時に現在では，「今日の給食の献立の確認もしっかりと」は義務である。食物アレルギーを持つ子への除去食や代替食の有無は重要な責任を伴う。中には，アレルギー食物だけでなく，食物エキス等（エビエキス，豚肉エキス等）でアナフィラキシー状態になる子もいる。保護者が確認した献立を，教師も毎朝確認しておくことが危機管理上，非常に重要である。

　また，食物アレルギーの子どもの配膳の仕方や配膳後のチェックも必ず行う必要がある。

　絶対に見落としてはいけない見取りの一つである。

❷ 三点からの見取りで指導が必要になり，その場を離れる場合

　この立ち位置にいても，必ずどこかでトラブルは起こる。例えば，「食缶をこぼした」とか「〇〇さんと□□さんが喧嘩している」とか，必ず事後処理や指導が必要になるはずである。その際に大切なことは，子どもたちや他の学級の先生などに応援を頼むことである。何となく，その場を離れるのでなく，他の人に状況を分かってもらってから場を離れることである。一見当たり前のようであるが，実際にその場になると，そうもいかなくなるのである。

　例えば，子どもたちには，「先生が戻ってくるまで『いただきます。』をしないでいて（食物アレルギーの子どもの確認が必要な場合等）。」等の指示をしっかりと出して，その場を離れることが必要である。近くの先生やインターホンで級外の先生に応援を頼むことも良いかもしれない。とにかく，教師の意図通りに給食をスムーズに終わらせることは，いまの学校現場では難しいことの一つになっている。何度もさまざまな問題がこの時間に起こり，自分の給食を食べ損ねた等ということがある。給食時は，昔ほど穏やかな時間ではなく，より緊張感の必要な時間になったと言える。

🔑 見取りのキーポイント

- ◆廊下・配膳・教室内がすぐに見れる場所に立とう
- ◆今日の食物アレルギー対応を必ず行おう
- ◆その場を離れる時には対応をしっかりとしてからにしよう

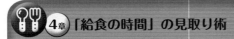
4章 「給食の時間」の見取り術

3 給食配膳中の盛りつけを必ず見ること

見取れる内容 食物アレルギー食材の配膳の様子・交友関係・問題行動

❶ 見逃さない！盛りつけ

　給食配膳中に教師に必要なことは，「気を抜かない」ことである。

　まず，今日の献立で「食物アレルギー食材の確認」を必ず行い，代替食なのか除去食なのかの確認をしっかりと行うこと。また，そのアレルギー対応食が，該当の子どもに必ず配膳されているかを確認する必要がある。

　次に大切なことは，盛りつけの際の給食当番の動きである。多くの学校では，セルフサービス方式を取り入れ，子どもが自分の給食は，自分で取りにくる形になっていると思われる。その様子をよく見ていると，力関係の強い子がくると，給食当番は，その子に量の多いものを渡したりしていることがよくある。私がビックリしたのは，幼稚園の年長組でも，もうそのような力関係にともなう配膳の姿が見られることである。

　このような姿が，もうすでにクラスの中の上下関係や利害関係に繋がっているということである。ここに，「いじめ」や「友達関係のトラブル」などに発展する芽があることに気づかせられる。

　またこの時間になると，子どもたちも素がでてきて，大胆に人を傷つけたりする言葉を言っている場面も多く見られる。子ども同士の「会話」や「言葉遣い」にも注意を払う必要がある。

❷ この時間帯の子どもの行為は、その場で注意を原則に

　この時間で見取った，指導の必要な子どもの行為は，「その場で確実に指導」が良い。見た時に見た所で注意する。例えば，「量が多ぎる。」「均等にして！」などの声をかけることで，「あの先生は見ている」という認識が子どもたちに生まれる。給食で自分に有利にしようと思っていた子や，それを配膳した子は「バレた！」と思うだろう。他の子どもたちは，「この先生，ちゃんと見ている」という認識に至るはずである。子どもは意外と好物の配膳には厳しく，誰かがズルをしていることをしっかりと知っている（先生に言わずとも）。こんなことからでも，クラスの雰囲気は悪くなり，子どもたちが勝手にしても良いという雰囲気が醸成されてしまう。

　担任やその他の教師が，その様子を見逃さず，さり気なく，「教師は見ている」という視線を出していくことで，子どもたちの動きの抑制に繋がることが多い。

　この時間帯は，生徒指導上の問題の宝庫である。この時間帯こそ，気を抜かず，見取りと指導を徹底することが必要だ。

🔑 見取りのキーポイント

- ◆この時間帯に気を抜かない教師でいよう
- ◆この時間帯は，生徒指導の宝庫だと思い，見取りを強化しよう
- ◆この時間帯は，見取り―指導をその場で徹底しよう

4 給食中,担任は教卓で子どもの会話を聞く

 子どもの情報・子どもの性格・交友関係

❶ 給食中は,見取る・聞き取る場に

　給食中に子どもの席を巡回して給食を食べる先生がよくいる。これができるのは,幼稚園・小学校低学年くらいまでだ。この教師の巡回食べ方式は,一見,子どもの目線を考える姿勢が存分に出ていて,良さそうにも見えるが,じつはこのやり方が子どもたちにこびているだけで,学校の先生としての役割を果たしていないことも多い。つまりは,教師として,全体を見渡せる場所にはいないのである。見えていないところで嘔吐が起こったり,子ども同士の喧嘩が勃発したりする瞬間を見ていないということもある。また,子どもたちも高学年になればなるほど,教師に近くで給食を食べられることが,嫌なものとなるはずである。

　私たち教師は,自分の席で子どもたちの言動を見聞きしながら,昼食をとる。このことが,本来の教師の役割である。いまの時代,「先生が見ていなかった」ことが問題になる。だから,子どもの様子やおかわりの様子,子どもたちの言動を聞きながら,全体を見渡せる位置にいることが,この場面では重要である。

　そして,子どもたちの会話に耳を傾け,どんな会話をしているか,いまの子どもたちの話題は何か,などを知る機会とするとよい。

❷ 子どもの会話を注視・注聴していると，意外な発見がある

　子どもたちは，給食中さまざまな会話をしている。昨日の家に帰ってからのこと，趣味のこと，兄弟とのこと，勉強の好き嫌いなどなど。耳をそば立てていると，本当によく聞こえてくる。中には，家庭の事情が分かりそうな内容までも聞こえてくる。「マラソン大会で1位になったら，○○買ってもらうんだ。」などと親が物で子どもを釣っている様子が分かることもある。

　子どもは，案外この時間リラックスしていて，嘘のことはあまり言わない傾向がある。ちょっとした本音や家庭の事情なども，ポロリと話すことがある。この時間の注視・注聴は，その子の本音や家庭の姿を知るために貴重なものである。

🔑 見取りのキーポイント

◆教師の昼食位置は全体を見渡せる場所にしよう
◆子どもの会話に注視・注聴しよう
◆この時間は，子どもの本音や家庭事情を知ることができると心得よう

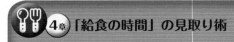

5 給食中は会話を広げる工夫を
〜意外な子どもの一面を知ることに〜

 子どもの夢・交友関係・将来の夢・家庭情報

❶ 子どもの会話に入る時は，質問系で，情報をゲット

　子どもたちは，給食中もそれぞれの所で楽しい会話をしたり，黙々と食べたりしている。教師が見取りのためにその会話に入る場合には二つのパターンがある。一つは，その子の思いを深く聴こうとするためのもの。もう一つは，その子が言っていることを他の子にも広げるためのものである。
　まず，一つ目の場合だと，次のようになる。
　子ども「俺さあ，明日から旅行！」
　教師「へー，いいな。どこ行くの？」
　子ども「○○ちゃん家と一緒に東京行く。」
　ここで，「この子の家は，○○さんのところと仲が良いのか。」という新情報を得ることができる。
　もう一つの場合だと次のようになる。
　子ども「俺さあ，明日から旅行！」
　教師「そっかあ。他のみんなの家はこの連休，どこか行かないの？」
　子ども「私の家は，どこにも行かない。」
　一番の良い点は，他の子に広げる形で，その場にいる，黙っている子にも質問できることだ。いつも心を開いてくれない子にも，この時は質問がしやすくなる。質問内容が簡単なために「うん。」「ううん。」だけでも返答しや

すいので，普段おとなしい子の情報を得るには，良い機会になる。
　この場合の大切なポイントは，「たわいもない質問」にすることである。

❷ ここでの情報が役立つ

　たわいもない給食中の会話。しかし，これがこの後，その子との信頼関係づくりや，さらに親しい会話からその子の思いを引き出す手がかりになる。例えば，先ほどの例の続きを話すとすれば，
　教師が旅行終わりの翌日の朝に「どうだった？旅行，楽しかった？」などと聞きながら，その子の様子を聞き出すこともできる。他の子でも同じように使っていくことができる。ただ，気をつけなければいけないことは，あまり大きな声で，多くの子がいる前で聞かないということである。個人情報でもあるし，教師が大きな声で聞くのを嫌がる子もいる。さりげない配慮をしながら，静かに聞いていくとよい。
　また，そこで聞いた個人情報は，他の子どもたちには絶対話さないことである。どんなことがきっかけで，「先生が話したことで，私，嫌なこと言われた。」などと子どもが言ってくるとも限らない。保護者にも同様である。「うちの子が先生にそんなことまで言っているのか。」と教師を警戒する保護者もいる。
　教師は，業務上知り得た情報を安易に話してはならない。

> **🔑 見取りのキーポイント**
>
> ◆会話から広げる質問を意識しよう
> ◆個を深めるのか，周りに広げるのかを考えよう
> ◆家庭情報や子の考えを知ることは，今後の指導や信頼関係づくりに役立てよう

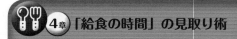

6 給食の片づけが汚い学級は荒れる

見取れる内容 個々の子どもの片づけ方・子どもの性格・子どもの気分・問題行動

❶ 給食の片づけの仕方，悪い子は見取り・即指導へ

　給食をおかわりして，食べる時は，めいっぱい食べる。しかし，食器の片づけ方は雑，なんてクラスを見たことはないだろうか。食器は，ほとんど投げ入れ状態で，まだ食器の端々におかずの残りがついている。箸入れは，箸の方向がばらばらで，中にはご飯粒がついているものもある。

　これは，しっかりと担任が給食の片づけ方の指導をしていないためである。子どもの，「食べることが先」「片づけ方はどうでもいい」という意識の表れである。つまり，担任が日頃から給食の片づけ時に子ども一人一人について指導を行っていないということである。

　「たかが，そんなことで何を言っているんだ。」と若い先生は，思うかもしれない。しかし，違う。人の暮らしの中で一番大切な営みの一つが，「ものを正しく片づける」行為である。この行為を面倒がったり，その雑さに気づかなかったりする教師は，その他の「いじめ」や「不登校」，「からかい」などの子どもの行為にも早期に気がつかないことが多い。その行為の芽を察する力がないということである。これは，その教師自身の家庭での「躾」や小さい頃から育まれた生活習慣と合致する。小さい頃から「勉強，勉強，勉強」だけで生きてきた教師には分からない面があるかもしれない。しかし，この生活習慣を子どもの生活や子どもの学力へと結びつけられる目をもって

いる人は「教師としてのある種のセンス」があると私は思っている。子どもは，決して勉強だけで形づくられるものではない。もっと多くの何気ない生活の姿で学力を伸ばしている子も多い。

「給食の片づけ方なんて！」とあまり軽んじない方がよいと思う。

❷ 給食の食器の片づけの雑さは，クラスの荒れを象徴する

　これまで多くのクラスの給食指導に出た経験や，壊れかかったクラスの立て直しに入った経験からすると，この「給食の片づけ方」が雑なクラスは，やはり，危ないクラスである。そこに何があるかというと，クラスの子どもたち自身が，汚さを容認し，自分だけ良ければいい，という状態に陥っているということである。つまり，クラス全体が個人主義で動いていることになる。

　給食当番も自分が汚れないように，気持ち悪いものでも運ぶようにしぶしぶ活動をしている。先生がいないと，そのクラスの食器などは常に落ちているか，運び忘れられている。それだけ，クラスの子ども自身に「責任感」と「このクラスを大切にしないと」という思いが欠如しているのである。

　こういうクラスは，一から考え方を変えて出直さないとなかなか直らない。

> 🔑 **見取りのキーポイント**
> ◆子どもの一人一人の片づけ方に目を配ろう
> ◆片づけ方が悪い子には，その場で指導をしよう

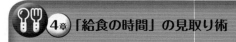

給食後の片づけで,クラスのしっかり者が分かる

見取れる内容 子どもの性格・子どもの真面目さ・問題行動

❶ 給食の片づけを最後までしっかりとしてくれる子を見取る

　「あなたのクラスで,責任感をもっている子は誰ですか?」と聞かれて,あなたはパッと答えられるだろうか。また何を基準にそう思うのか,言えるだろうか。「責任感」などということを軽々しく分かったふりをして聞けるわけでもないが,やはり,給食の後片づけを最後までしてくれる子どもを見取ってあげたいものだ。給食が終われば,昼休み。多くの子は「昼休み,早く遊びたい!」と思っている。それにも関わらず,最後のゴミを片づけるところまでしてくれる子。よく見ていると意外に,そのような子は,静かな子だったり自分を他では表現できない子だったりする。意外な子が,クラスの給食の片づけを最後までしてくれている。

　担任は,その片づけの最後の過程を見守ることが必要である。子どもたちは,担任のその姿勢を見ている。たとえ,最後まで片づけていない子どもたちも,担任が給食の片づけの最後までを見ていることを知ると,次からの自分の当番の際の動きが変わってくる。

❷ 最後まで片づけをしてくれる子に感謝の意を表す教師に

　給食をいつも最後まで片づけてくれる子には，担任として，しっかりと謝意を表そう。そうすることで子どもは「この先生って，しっかりと働いている子にも目を配れるんだ。」と感じる。すると，教室の雰囲気が変わってくる。いままで目立つところだけで頑張っていた子も少しは裏方のこともやろうとするようになる。「うちの先生って，人のしていることを公平に見てくれる先生なんだ。」と子どもたちが気づくようになる。

　「最後まで働いてくれる人の大切さ」などを学級指導の中に入れて，そういう人の大切さや意味づけを真剣に語ってあげると，クラスの子どもの意識も変わり始める。

　「子どもは教師を見て，行動を変える」これは，正しい。子どもの方が一枚も二枚も上手である。よく，子どもたちが茶飲み話のように「あの先生って，○○だから，駄目なんだよねー。」と言っているのを聞く。失礼ながら，だいたい当たっている。また，いまはそのことを親に言う。親はまたそれを聞いて「先生，たいしたことないな。」と思い，学校に説教にくる。この構造を崩すには，「教師の鋭く，温かい見取りの力」がいまこそ，必要である。

　「こんな小さいことで。」などと思わず，子どものしていることをしっかりと見てあげられることが重要である。

🔑 見取りのキーポイント

- ◆子どもがクラスの仕事を最後までしている姿を見ていこう
- ◆クラスの仕事を最後まで行った子に，褒めるのではなく，謝意を伝えよう

5章 「休み時間・放課後」における見取り術

1 教卓に近寄ってくる子・遠巻きにいる子の意味を考えて見取る

見取れる内容 子どもの性格・交友関係・子どもの情報・問題行動

❶ 休み時間に教卓に近寄ってくる子とそうでない子

　休み時間に教師に近寄ってくる子は，概して教師に興味のある子か，他の仲間と遊べない子が多い。そういう子には，教師が楽しさを与えたり，友だち同士を関係づけたりしてもよい。

　また，遠巻きに一人でいる子や何となく，手持ち無沙汰でうろうろしている子などにも声をかけて，教師の近くに寄せるとよい。私はそんな時，必ず簡単な手品を見せて種を考えさせるようにしていた。そうすることで，その場にいるみんなで自分の考えを伝え合ったり話し合ったりして，そこでの輪（和）ができるからである。

　他には，グラウンドにサッカーをしにいったり鬼ごっこを体育館にしにいったりする子もいる。この子たちは遊びで繋がることで健全に休み時間を過ごせているので心配はない。しかし，問題は遊べていないが，なんとなく固まっているグループである。女子の二・三人のグループや少しいきがった感じの集団は，要注意である。その子たちは，遊んでいるのではなく，関係を重んじているのである。このような集団は，何か事が起こると「いじめ」に発展することもある。人間関係のみでできあがっている集団で，崩れるともろく解体してしまう集団でもあるからだ。だからこそ，意外に目を離せない集団である。休み時間もこうした子ども集団をとらえる見取りは重要である。

❷ 教卓に近寄ってくる子から,得られる情報を

　他のグループの動きや人間関係の変化などの情報は,教卓に近寄ってくる子どもたちから得ることが多い。「今○○さんと△△さんが廊下で言い争ってた。」や「□□ちゃんが泣きながら,玄関の方に行った。」などと,教卓に近づく子から情報が入る。

　だんだんと教卓に集まることが普通になると,静かに遠巻きに見ていた子までもが情報を入れてくれるようになる。時には,「先生じゃなくて,俺が見てきてあげようか？」などと気を利かせてくれる子も出てきたりする。
　担任は,日々の子どもとの生活の中で「担任に近い子」を確実に育てていく必要がある。「この先生,いいな。」「この先生,面白い！」「さすが,うちの先生だ。」という所を見せながら,それでいて,時にずっこける先生を子どもに見せていけるとよい。そうすることで,クラス全体がいつの間にか明るくなったり雰囲気が変わった感じがしたりする。じつはこのことが,クラス内の自治や浄化,それに嫌な雰囲気までも吹き飛ばしていくのだ。

🔑 見取りのキーポイント

- ◆教卓に近寄る子には,教師が楽しさを与えよう
- ◆休み時間に人間関係のみで動いている子たちは,要注意なので気をつけよう
- ◆教卓に近寄ってくる子から,情報を得ていこう

5章 「休み時間・放課後」における見取り術

2 一人でいる子は，教師の近くに置く

見取れる内容 子どもの性格・今日の子どもの気分

❶ 休み時間にポツンといる子や遊べないでいる子には

　休み時間になると，勇んで飛び出していく子たち，係の仕事をしている子たち，教卓の周りの集まってくる子たち，さまざまな子どもたちの姿が見られるであろう。

　しかし，ポツンと遊べずにいる子や友だちが見つからない子などは，教室の自分の椅子に座りっぱなしだ。そういう時は，教師が必ず声をかけ，大きな遊びではなく，ただ教卓の近くに寄せてやればいい。すぐにみんなで遊ぶのではなく，教師の近くにいさせるだけで良いのである。まず，教師との一対一の関わりができないと，他の子と遊べない子がほとんどである。よく新米の教師が，ポツンとしている子を大きな遊びの集団に担任と一緒に入れて遊ばせている姿を見るが，これは友だちのいない，遊べない子にとっては逆効果だ。大きな遊びに入れさせられた子どもたちは，ただ気をつかって疲れて「それなら，この遊びはしなくてもいいや。」という気持ちになる。

　私が言っているのは，「先生の近くに置く」のだ。そのことで「先生が僕（私）を呼んでくれた。」という思いを子どもたちに抱かせる。そこで教師が何か不思議なことや怖い話，手品など，子どもたちがいるだけで疲れないことをしてあげる。すると，面白かったので，次の日も教卓近くにやってくるようになる。

❷ 教卓に集めることは，心を通わせる訓練をすること

　一人でいる子や遊べずにいる子は，当然，自分からのコミュニケーションを取れない子がほとんどである。私は，敢えて教卓の近くに寄せて手品を見せる。このことで，一人で遊べずにいる子と私，私と他の集まっている子，そして他の集まっている子と一人で遊べずにいる子との関係を深めているのである。「えー，どうして，そうなるの？」「先生，もう一回やって！」とか「どうしてああなるんだろうね。」など，他の子が言う言葉を一緒に共有する場をつくることで，一人でいない時間を与えることができる。そのうち，子ども同士で考えたり試し合ったりするようにもなる。そこにコミュニケーションが自然にできていく。

　見取りは指導に繋がる。「一人でいる子」を見取ったものの，その後の指導への取り組み方が違うと，一人の子はより孤立することにもなる。やはり，「見取り術」は「指導術」とともにあることを再認識するのだ。

　私はこの方法で「一人でいる子がいなくなる」クラスづくりをしてきた。

　何度も言うことになるが，友だちはすぐにできるものではない。「みんなで仲良く」が子どもたちの間で疑問視されるいま，より自然に力を入れずに仲間ができる関係を見出す場づくりが必要である。そのためにも，教師自身が場の中心として，子どもたちに責任を預けず，場の雰囲気づくりをすることは，現代の学級づくりのために，重要なことである。

🔑 見取りのキーポイント

- ◆「一人でポツンといる子」は，教卓へ近づけよう
- ◆まず教師と「一人でポツンといる子」との関係をつくろう

5章 「休み時間・放課後」における見取り術

3 教室内・廊下で遊んでいる子たちを視野に

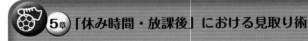

見取れる内容　集団の関係性・子どもの性格・交友関係・問題行動

❶ 見ておかなければならないのは、教師の目を避けている集団だ

　だいたいどこのクラスにも、教師に見られることを嫌う集団がいる。その集団が、自分たちで何か面白いことをしているという目的があるうちはよい。しかし、目的がなくなると、内部で喧嘩やじゃれ合い、そして「嫌がらせ」や「いじめ」へと発展する集団になっていく。この集団は、遊びでまとまっているのではなく、何となく「格好いい」「自分たちは他の幼稚な奴らと違う」みたいな態度でいる集団で、人間関係で集まっている集団である。だから厄介なのである。特に、小学校高学年女子や中学校の女子の関係では、こじれる姿が見られる。この集団は、目的が「一緒につるむ関係」だけになっていることも多く、何か内部で関係がこじれると、「はずす」とか「無視する」などで互いに人間関係を崩す結果を迎えることが多い。だいたいこういうところで生徒指導ということになり、教師の出場となる。

　このような集団は、人目を嫌ったり、極端に教師に見られていることを嫌がったりする。だから、教師の司会から外れようとする態度を取りがちになる。

　私は、その子たちに、はっきりと「大丈夫か？」とよく聞いた。面と向かって暴言を吐かれても「何かあったら、言えよ！」と常に言ってきた。これは、私があなた方を視野に入れ、心配しているよと伝えるメッセージだった。

❷ 「おじいさん」「おせっかいおばあさん」気質で立ち向かう

　私は，駄目になりそうな小学校高学年のクラスを何度も受け持たせられた。ある時は，こわれかけの6年生を一年間，ある時は，4年生で学級が壊れた学年を5年生から二年間。またある時は……。言っていけばきりがない。

　その中で，高学年の子ども集団への対応は，しっかりとしてきたつもりだ。特に，私が男なので高学年女子の指導は難しかったが，やりがいがあった。やはり，男性教師と女性教師とでは，特性が違う。そのことを教師自身が理解し，女子が嫌う先生の特性にあてはまらないようにも心がけた。現にその後すべてのクラスが無事に立ち直り，子どもたちは，よい笑顔でちゃんと卒業していった。

　私が教師として心がけたことは，「全体には叱るが，個々には頑張っていることを慰める」，このことの徹底である。また「おせっかいなおじいさんやおばあさん」のようにくどいこともしっかりと言うようにした。そして，社会の構造や「なぜ，勉強しないといけないか」「なぜ，働かないといけないか」などを語ってきた。

　このことは，弛んで人のせいにしてきた自分たちがいかに残念だったか，また，学校は将来のために学習するところだ，ということを子どもたちにしっかりと感じ取らせてきた。

　じつはこれらは，廊下などで「先生に見つからないようにしている子ら」に一番伝えていくべき内容であり，「いじめ」の未然防止にも繋がることである。

見取りのキーポイント

◆教師の目を嫌う子たちをよく見ておこう
◆人間関係を操作する前に，子ども一人一人の性根に語りかけよう

5章 「休み時間・放課後」における見取り術

4 活発な子どもたちの遊びも，時に見にいく

 見取れる内容 子どもの性格・交友関係・子どもの得意なこと

❶ 子どもは，教師がきてくれると，うれしい

　休み時間になると，ただ無類なく「サッカーが好き」な子たち，他にも「鬼ごっこ」だけを繰り返ししている子どもたち，また，縄跳びや一輪車，竹馬，鉄棒などにしがみついて，一心不乱に遊んでいる子たち……，こんな光景も休み時間には見られる。ここに出てくる子たちは，自分のしたい遊びがあって，それで満足できている。またそこで同じ方向を向いている仲間も存在している。十分に，健全な休み時間を過ごす子たちである。

　そのような遊びに夢中になれる子たちの中には，「先生が見にきてくれたら，うれしい。」「先生，今度，見にきてね。」とよく言う子がいる。本当に見にいったり，一緒にちょっとでも遊んだりすると，その子たちはとても喜ぶ。その先生を大好きになる。子どもたちは，その先生の応援団になる。

　じつは，クラスの安定のためには，この健全に遊んでいる子どもたちとの結びつきを強くすることが何より重要である。担任への信頼をしっかりもった子どもたちは担任の思いを感じ取り，担任が心配していることや，他の友達の良くない行動などを静かに担任に知らせてくれる存在にもなる。私は，こういう子どもたちに何度も救われた。少し時間が空いたら，元気に遊ぶ子どもたちの輪へどうぞ。

❷ 時に忘れている，子どもの気持ちになって指導を

　私たち大人は，効果的なこと，便利なことについ心を奪われる。仕事のことを考えて，「この時間にあれをして，あの時間にこれをして」などと勝手なスケジュールをたてがちになる。

　しかし，子どもは，「鉄棒で前回り下りができたこと」「サッカーで自分がシュートを決めたこと」「竹馬でジャンプができたこと」「縄跳びで二重跳びができたこと」などがうれしいのだ。それを先生に見てほしいのだ。純粋な気持ちである。私たち教師は，この純粋な子どもの気持ちを忘れてはいけない。忙しさはいつもある。子どもの笑顔はいつもあるわけではない。教師の見る目によって，子どもは自分の出し方を変える。

　新しい先生に出会ったばかりの子どもたちは，自分のことをあれこれと話したり，自分の好きなことを紹介したりする。その時期を適当に教師本位でいく先生は，子どもからはアウトを突きつけられる。この時期を適当にした教師には，それ以後もう子どもは寄ってこなくなる。だから，休み時間，ちょっとした時間に頑張って遊んでいる子たちの笑顔を見てあげることも大いなる「見取り術」であると私は思う。

🔑 見取りのキーポイント

◆手のかからない子だと思って放っておかないようにしよう
◆たまに遊びで頑張っている子の笑顔を見にいってあげよう

5章「休み時間・放課後」における見取り術

5 休み時間に教室で採点作業をする担任は素人さん？

 子どもの性格・交友関係・問題行動

❶ 休み時間に教卓で採点作業をしない

　教師は忙しい！教師は時間がない！教師はどんな時でも時間を無駄にしないように！……こんな声がこの項を読んだ方から聞こえてきそうである。方々の言い分は，よく分かる。しかし私は，休み時間に子どもがいる中でのテストの採点はいかがなものかと考える。

　個々の答案用紙は，第一級の機密文書であるとも言っていい，いまの時代。それを他の子どもが見ている間に点数をつけていくのである。点数の良い子はいいが，そうでない子のメンツはどうなるのか。悪くするとそこから「いじめ」の芽が出ないとも限らない。デリカシーのない教師ほど，その辺については，ルーズだ。私は，必ずテスト後1週間，遅くとも2週間以内には子どもにテストを返却してきた。ルーズな教師ほど，テストの返しが遅かったり，子どもから見える場に採点中のテストを出しておいたりする。テストが教卓上に出ている時，子どもがめくって点数を見て友だちに伝えている姿も見たことがある。時代が変わり，守秘義務を担任にも強く課されるようになったいまは，この辺りも改善が必要であると思われる。

　また何より採点をしていることで，子どもの動きを見取ることができないこともある。

❷ 教師が見取られる立場になっている

　教師がだらしないことも，教師がせっかちなことも，教師が見ているようで見ていないことも，子どもたちは，よく見ている。なぜ分かるのか不思議だが，子どもたちが言い合っている教師批判はほぼ当たっている。

　だからこそ，教師は見取る側だなどと，のほほんとうぬぼれてはいられない。子どもに悟られないように，したたかで気軽に，そして時に子どもの心をひきつけるように過ごしていかなければならない。

　「うちの先生，休み時間，いつも丸つけしかしていないから，今やってもばれないよ。」などという子どもの声が聞こえてきそうである。また，教師の様子を子どもたちは，保護者に必ず話している。その時にも確実に教師の言動やしぐさなどを的確に伝えているはずだ。中には，「子どもから聞いた話では合法的でないので，意見をしにきた。」などという保護者もいる。

　特に，最近は，教師のミスを親も子も指摘することが多い。例えば，先生が「ドリルの宿題を出したのに，そのためのドリルノートを子どもたちに返却し忘れた。」などのケアレスミスが，担任や教師への子どもからの信頼感をなくすことに繋がる。また急に予定を変える先生も，子どもにはきらわれる。しっかりと計画をたてた授業運営を心がけることも必須である。

　私たち教師は，「見取る」側であるが，「見取られる」側にいることも忘れないでいたいものだ。

> 🔑 **見取りのキーポイント**
>
> ◆休み時間の採点作業は，見られているのでやめよう
> ◆教師は「見取る」側，しかし「見取られる」側でもあると心得よう

5章 「休み時間・放課後」における見取り術

6 帰りの頃の子どもの言葉や動きは，要注意

見取れる内容 子どもの性格・交友関係・子どもの気分・問題行動

❶ 一日の終わりで気持ちの高ぶりが言葉や動きに

　子どもたちは，興奮するとすぐに言葉が乱暴になったり，動きが粗暴になったりする。中には教室を飛び出したり興奮して友だちを叩いたりしている姿も珍しくない。なぜ，そんなことをするのか，本人に聞いても，無意識でやっていることで答えは返ってこないことが多い。

　こんな高ぶりを見せるのが，一日の学習を終えた「帰りの会」の前である。ここまで落ち着いて，けがなどもない一日だったと担任がほっと肩をなでおろしている時に，事は起こる。「先生，○○さんが廊下で泣いている。」「先生，△△くんが□□さんの手を持ってゴキってやって手が痛いって言っている。」などと言いにくる。この「帰りの会」の前の空白の時間も要注意である。興奮して，ふざけ合ったり，むやみに大声を出したりなど，子どもの解放感がへんな姿で現れる瞬間である。

　中には，手紙渡しや他のクラスへの侵入など，担任や教師の見ていない所で，意外な動きを見せる子もいる。この時間は，問題行動を起こしそうな子を中心に見ていくとよい。その子が下校の準備をして着席するまでがカギである。

❷ この時とばかりに教室・廊下に目を配る。そして早めの着席を

　教師はここで気を抜かず，確実に何事もなく子どもたちが帰りの支度を整え，着席するまで目を離さないことである。子どもたちがふざけ合って，急に教室内を走ろうとしたり，出されたちょっかいを避けようとして窓際の花瓶を倒したりなどということはよくあることだ。

　教師は，広く教室を見渡し，廊下の様子も見取れるように教室入り口付近で子どもの様子を見守ることがベストである。中にはトイレに行って，帰ってこないグループがいる場合もあるので，サッとトイレや死角になる場所を覗くことも忘れてはならない。

　クラスのすべてのグループが，教室内にいるのか，どこのグループが見当たらないのか。それらを瞬時に把握して，いないグループのいき先を把握しておくことが，生徒指導上大切である。

　また，配り物や添削したノート等の返却は，クラスの係活動などで子どもたち自身でできるようにしておくことも，担任の視野を広げ，子どもたちの姿を見取るために重要である。ただし，重要な文書やおたより等は，すべての子どもが着席してから配ることが肝心である（トラブルのもとになるため）。

🔑 見取りのキーポイント

◆帰りの会前の教師の立ち位置は教室・廊下が見渡せるところにしよう
◆クラスのすべてのグループの所在を確認しよう
◆早めの着席を促そう

5章 「休み時間・放課後」における見取り術

7 ため口をきいてくる子どもは二通り

見取れる内容 子どもの性格・教師への態度

❶ 教師への親しみの「ため口」か，教師を馬鹿にした「ため口」か

　帰りの会前。この時間帯になると，子どもたちも神経を張り詰めていられなくなる。子どもも素のままの姿が出てくる時間帯である。つい無意識で変なことを言ったり教師に対する反感を顔に出したりする。

　そんなときによくあるのが，子どもの言葉遣いが「ため口」になっていることである。「先生，これ配るの？」「めんどくせー！」「なんで，俺ばっかなの。」などと怒って机を蹴る子も出てくる。

　このときに，教師が見極めておかなければならない動きは，子どもの「ため口」に悪意があるか，敵意があるかである。子どもによっては，疲れて何の気なしに家と一緒の気分でため口をきいている子もいる。しかし，悪意や敵意をもって，教師や担任を試している素振りを見せる子もいる。例えば，「こんな宿題したくない。」と言ってその場でプリントを破る子。勝手なことを頼んで教師に断られると「だから，先生なんて嫌い！」と言い放って帰るずる賢い子など。これらの子は，今後の指導の対象に確実になる子である。その場で大声で叱ることは，その子の反感をより強めることにしか繋がらない。ちょっとしたアドバンテージを見ておいて，今後の指導のためにも，記録しておくとよい。

❷ 親しみの行為は，教師への信頼へつなげる

　帰りの会の頃になると，小さい子などは，「ねえ，ママ。あっ間違えた！先生！」などと言ってくる子も多い。もう学校と家とを混同しているのであろう。疲れてため口になる子には，「頑張ったこと」をねぎらいの言葉で励ましてやると，より担任を好きでいてくれる子になる。ため口の指導は，ため口をしてはいけないとだけ指導するのではなく，その言い方や状況に応じて教師が感じ取っていくことが大事である。

　私は，先に書いた「悪意や敵意のある子」にもその子の性格によって指導の仕方を変えた。例えば，叱られたことに対してさっぱりと考えられる子にはその場で注意した。意外にインテリでプライドの高い子には，そのまま流した。なぜかというと，プライドの高い子は，その場で指導するとその後の指導が入らなくなるからだ。「その担任が嫌い！」を各所で連発する。それがさらにクラスに，担任に悪影響を及ぼすからだ。しかし，その子が本格的に悪いことをした時には，最後までその子の立場に立って攻めていく手法を取って考え方を変えさせてきた。

　このように，同じ指導でもその子の性格やその子の今後のことを踏まえて見取りを生かして指導していくことは，重要な見取り術である。

> 🗝 **見取りのキーポイント**
>
> ◆「悪意・敵意のある」ため口かどうかを考えよう
> ◆「疲れてのため口」は少しは許そうという気持ちでねぎらおう

5章 「休み時間・放課後」における見取り術

8 「最後まで残りたい」子には意味がある

見取れる内容 子どもの性格・家庭事情・交友関係

❶ 帰りたくない子には,理由がある

　教室には,「帰りの挨拶」を終えてもなかなか帰らない子がいる場合がある。どうしてか聞いてみると,「そのまま塾に行かないといけないけど,まだ時間がある。」とか「今日,お母さんの帰りが遅いから,もう少し残れる。」など,それぞれに意味のある理由がある。

　普段元気で「遊ぶことが楽しい」と思っている子は,だいたい速攻で帰る。

　放課後残っている子の中には,意外と普段目立たない子がいる。これはこれで,意味がある。それは,先生と話したいのだ。普段の学習ではほとんど活躍できない子が,普段忙しくしている先生に近づきたくて,居残っているのだ。

　そんな子とは,片づけの手伝いなどで普段できないその子との会話を楽しむとよい。家庭での様子や趣味のことなどを聞いてあげると,また次の日も居残るようになる。そのうち,先生の思いを察し,動く子どもになっていく。可愛がってあげればあげるほど応えてくれる子になる。また,そんな子ほど,学習に自信がもてなかったり,自分の良いところを先生に分かってほしかったりしている。そんな子どもたちの思いを受け止める教師になることも大切である。

❷ 課題居残り勉強は，時間を決めて，本人の意志を尊重して決断させるべし

　先生の中には，学期末になると，子どもを残す先生がいる。それは，いまの教師として一番してはいけないことであろう。その居残りをさせた子は，これまでの期間にまったく課題を教師が見てやれなかったということになる。教師側の「見取り」と「指導」が甘かったのだ。例えば，毎日少しずつでも課題を見てあげて計画的に居残りさせておけば，教師の退勤時間まで子どもを居残らせることはしなくてよいはずである。現にそんなことをしなくてもしっかりと終わっている子どもは多々いる。

　私は，子どもと相談をし，「いつまでに〇〇まで宿題としてしてくる。」など，その子の意思を表出させて，子どもに自分で見通しをたて，決断させるようにしてきた。

　居残りを強制的に教師主導で行うことはなかった。子どもたちの中には，家で宿題するよりも学校でする方が早く終えられると敢えて居残りする子もいた。

　もう「子どもを強制的に居残させる教師は格好悪い」と思った方がよい時代である。昨今の社会事情から考えても，遅い時間に子どもの一人歩きをさせることは，学校の危機管理上も許されることではない。「みんなが帰る時間に帰る」これが，今の時代のスタンダードだ。子どもの「居残り勉強」についてはよく考えて行った方がよい。

🔑 見取りのキーポイント

- ◆居残りしたい子に理由を聞き，新たな情報を得よう
- ◆教師と共にいたい子の居残りでは，愛情をかけて助けてもらおう
- ◆「課題をさせる」ための居残りは，よく考えよう

5章 「休み時間・放課後」における見取り術

9 一日の終わりとして，必ず学級担任が戸を閉めて教室を出る

見取れる内容 クラスの落ち着き・子どもの荒れ・問題行動

❶ 確認するところは，ゴミ箱・子どものロッカー・着替え道具

　一日を終えて子どもがすべて帰った後の教室を担任が確認することは，大切なことである。教室全体を見回し，汚さや雑然とした感じがなければ，そのクラスは大丈夫。子どもたちは健全に育っていると言える。

　私は，必ずクラス全体で帰りの挨拶をする時に，机を整えさせる。それから帰りの挨拶にしていた。こうすることで，教師が机の位置を直さなくてよいし，放課後，教室で遊びまわった子がいたら，机の並びを見ると一目瞭然だからである。こうすることで，子どもたちに「一日の終わりに整える」ことも教えていけるので，常にそうしてきた。

　担任は，終礼後すぐに職員会議に行かなければならないこともある。また出張等で学校を空けてしまうこともある。その時も，放課後の机の乱れ加減でクラスの様子を察することができるようになる。また，ゴミ箱や個々のロッカーなども確認すると，子どもの思わぬ行動が読み取れるものが入っていたりすることもある。着替え道具が掛かっている棚も，確実に確認していくとよい。「上着を忘れた」「着替え袋がない」などの事実を知ることにもなるからだ。最後に玄関のげた箱も覗いておくとよい。靴隠しなどという問題行動を予防していくために「げた箱巡回」は必要である。

❷ 学級担任が最後に教室を出る

　すべてを整えて，教室を出るのが，その教室の管理者でもある担任の役目である。確実に戸を閉め，前から後ろから教室や机を見渡す。そこで，机の中がすごいことになっているものについては，確実に見ておく必要がある。

　一日の教室の終わりを担任が確認することは，重要な教師としての仕事であり，明日に繋がる教室づくりを心がける観点からも必要なことである。やむを得ず，その日の終わりを見られない場合は，翌朝，少し早くきて，昨日の教室の姿を確認するとよい。教室を乱雑に終えるクラスは，学級崩壊の可能性が極めて高くなる。

> 🔑 **見取りのキーポイント**
>
> ◆担任は，確認すべき所をしっかりと確認しよう
> ◆放課後の子どもの様子を見られなかった場合は，翌朝子どもがくる前に教室の様子を見にいこう

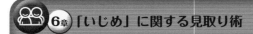

1 一発で分かる，集団的疎外感の実態

 子どもの性格・交友関係・集団的力関係・集団的疎外感

❶ 集団ゲーム（椅子取り等）で分かるクラス集団の力関係

　集団ゲームでの見取りは，クラスの中の集団的「いじめ」の芽の存在を確認するのに，とても重要なものである。担任が見取りのために守らなければならない原則が，二つある。

　一点目は，担任がゲームには参加しないことである。これは，子ども同士の力動的な動きや影響力のある子の動き，クラスで嫌われている子への集団の意識を見るためにも担任は全体を見ているとよい。特に集団への力のある子は，鬼になりたがったりして，ふざけてわざと座らなかったりする。そしてみんなの注目を浴びたがったりする。小学校の高学年女子や中学生女子になると数人で固まって動こうとするグループも見られる。これは集団でこそこそと動くグループになるので要注意である。また，よく椅子取りの様子を見ていると，嫌われている子が座っていた椅子には他の子が座りたがらないなどの様子も見られることがある。子ども集団の人間模様が見られる。

　もう一点は，クラスができた早い時期に行っていくことである。そこで行った「集団ゲーム」の様子が初めのクラスの人間関係の実態だからだ。その時に見たことや感じたことを記録しておくとよい。気になる子やそのクラスの雰囲気を感じることができる。

❷ 実態を把握し，指導は継続的に

　集団ゲームをクラスづくりの早い時期に行うことで，確実にクラスの子どもたちの集団的力関係を知ることができる。このことをクラスの普段の生活の中で，担任は必ず踏まえておく必要がある。特にはっきりと集団的疎外感をクラスの子どもたちが感じながら，ゲームをしていたならば必ず継続的な指導が必要になる。ただ「人と仲良く」などと大声で教師から子どもたちに言うのではなく，疎外されている子に対する自信づけとその子の友だちづくりの推進，クラス全体に「人として大切なこと」「してはいけないこと」「人としてずる賢く生きないこと」などを折りにふれ，レクチャーしていくことが重要である。また定期的に「集団ゲーム」をして，その後の変化を見ることも重要である。

　特にすぐにフォローを入れる必要のある子どもは，嫌われている子，疎外されている子である。まずは，どれほどその子が，自分の置かれている現状を認識しているかを探ることから始める。ただ，「あなたは，嫌われていることが分かっていますか？」などと聞くのではなく，折にふれ，「何か心配なことはないかな？」などと，優しく当人の思いを聞き出す方法を取るとよい。その後は，担任が力になることをしっかりと伝え，時々，様子を気にかけていく。

　また，必ず，学年主任や，先輩教師に相談することも，いまの時代，大切なことになる。この時点で，記録もしっかり取っておきたい。

🔑 見取りのキーポイント

- ◆「集団ゲーム」をする時，担任はゲームには参加しないようにしよう
- ◆「集団ゲーム」の見取りはクラスができた早い時期に行おう

6章 「いじめ」に関する見取り術

2 「いじめ」は集団内で育っていくものだと認識して見る

見取れる内容 子どもの性格・交友関係・今日の子どもの気分・問題行動

❶ 「いじめの芽」を見つけた瞬間に、教師としてどう処方するか戦略を

「いじめ防止対策推進法」が法律としてあるいま,「いじめの芽」は,少なからず小さいうちに潰しておくことが必要だ。学級生活の中のさまざまな場面で,教師として,「これはちょっと,いじめかな,どうかな？」と迷う場面に出くわすだろう。「被害者本人がまだ自覚していないが,この芽は育っていく（広がっていく）と悪くなる」と思う瞬間があるだろう。その時の見取りも非常に重要になる。①被害者の気づき具合　②不快な行為をしている人の広がり具合　③周りの気づきの様子,こんなところをもとにその芽がどの程度かを担任として見取り,その対処の方法を考え,実行していくことが必要である。

例えば,もうすでに被害者が相手の行為を「嫌だ」と認識していたのであれば,それは「いじめ」である。即対応しなければならない。逆に,被害者本人がまだ自覚していないのだとすると,クラス内で,早めに「担任対個々の子ども」の信頼関係を樹立させ,秘かに聞き取り活動（情報収集）に入るべきである。

また,クラス全体に「いじめ」の定義をしっかりと伝えることも,年度初めに行っておくべきである。

❷ 全体に言うべきか，それとも個々に指導すべきか，どうやって「いじめの芽」を潰していくか

　「いじめ」につながる芽は，確実に消していく。これは，もう現代の教師であれば，当たり前のことである。しかし，どのような消し方をするか，これが重要である。全体指導を入れるか，個々の加害者を呼んで，ひっそりと指導するか。時と場合，そして前ページに述べた三つの見取りのポイントなどを加味し，「いじめの芽」の早期解消を図る策を実行する必要がある。

　一番注視しなければいけないことは，一旦指導を入れた後，どのように推移していくかを注意深く見続けることである。ガツンと全体指導だけを入れてしまうと，かえって子どもは「いじめ」を水面下へ隠すようになり，もっと見えないところで燻っていくことにも繋がりかねない。

　また，指導を入れる際には，「子どもの性格とプライド」の面からも気をつけてほしい。現行犯に指導を入れ，時には，親に自分の口で言うように伝え，教師も電話や訪問で加害側への配慮も十分しなければならない。「自分の子は先生に犯人扱いされた。」などと言ってくる保護者もいる。「早めの対応」「報告・協議」「複数での指導」「経過観察」などを徹底することである。

　「いじめ」への対応については，人間関係の複雑さや人の感情が入ることを考慮し，必ず，複数の目で対策を考えることをお薦めする。また，"事実確認できたら，即対応"の認識も忘れずに。「いじめ」は生ものであるので，時間をかければかけるほど，厄介になるのだ。

🔑 見取りのキーポイント

- ◆「いじめの芽」は，早期に確実に潰そう
- ◆子どもの言葉遣いや「友だちの呼び方」など，子どもの言葉に注視しよう

6章 「いじめ」に関する見取り術

3 集団的疎外感を感じても，すぐに教師が大声を上げない

見取れる内容 子どもの性格・子どもの教師についてのとらえ方
交友関係・問題行動

❶ 教師の個人的で軽卒な見取りと判断は大きな誤算に

　4月当初，持ち上がりの学級で担任だけが交代した学級では，よく見かける，育ってしまった「集団的疎外感」。

　ある子が座った所に，特定の子どもたちは座らない。子どもたちにグループづくりをさせると最後まで残る子がいる。ある子の提案した意見に特定の子たちが内容云々ではなく賛成しない。このような光景に出会ったことはないか。

　ここには，必ずある種の疎外感を集団として発しているグループや学級集団が存在する。このような際に，すぐに大声を上げて叱責することをしてはいけない。たとえ，良くないことをしている集団があったとしても，その子どもたちは，学級で主流をつくる，プライドをもっている集団である。その集団をただ怒鳴りつけるだけで指導が終わると，その集団は，今度は担任を阻害する動きに出たり，親に言いつけ逆に担任を陥れたりしないとも限らない。だから，この集団的疎外感を感じる場面を見つけた時は，すぐには大声を出さずに，まず分析することをお薦めする。「誰が，この集団の中で一番力をもっているのか。」「どこから，一枚ずつ，この集団を剥がしていくか。」などの戦略を考えることが重要になる。

❷ 集団的疎外感を出している子どもたちを一人ずつ剥がしていく

　今起こっている「集団的疎外感」を醸し出しているメンバーを特定する。
　これまでのその集団的疎外感の経緯について，信頼できる学級の子どもから情報を得る。そして，そのグループの中心的立場の子や周辺で人に言われるとすぐに疎外行為をやめていきそうな子などを特定する。そして分かったことは，必ずメモを取る。メモをもとに連絡・協議をし，指導の方針をたてる。次に具体的な指導の手順や内容の確認を確実に行い，グループ解体のため一人ずつ剥がすように個々に指導を入れていく。私なら，その集団の中で一番気のよさそうな子から担任の方へ寄せていき，集団内情報を得るようにする。
　全体には，ただ大声で怒鳴りつけるのではなく，いまの「いじめ防止対策推進法」の意味と自分たちがしていることの意味を感じさせる講話をしていくとよい。中には，法律の話をするとグループから離れていく子も出てくる。
　全体での指導で大事なことは，「いじめ」が犯罪であることや，いじめの定義，いじめの加害者への罰則などを確実に伝えていくことである。また，学級の子どもたちには「自分がされていやなことは，他人にしない！」ことを伝えていくだけで，十分である。

🔑 **見取りのキーポイント**

- ◆集団的疎外感を醸し出しているグループを特定しよう
- ◆グループメンバーの性格や力関係を情報収集しよう
- ◆一人ずつ剥がすように指導に入り，全体にはいまの「いじめ」要件などをレクチャーしよう

6章 「いじめ」に関する見取り術

4 集団的疎外感を黙って見ている教師の存在を子どもは分かっている

見取れる内容 子どもの性格・交友関係・要注意集団・問題行動

❶ 子どもたちは集団的疎外感を分かっている

　自分が自分の良心に反して周りに流されてきたことや，例えば一人の子がクラスで孤立していることをこれまでの学校生活の中で，子どもたちは幾度となく感じてきているはずだ。しかし，場の状況や，周りの子の様子でそこに自分が勇気を出せず何もできていないこともある。クラスの中の集団的疎外感は，そんな中で育ってくる。

　よく見ていくと，そのクラスで主導的に集団的疎外感を助長している主導的グループや中心的に影響力をもつ子がいるはずである。教師は，まずその関係をじっと見ることが肝心である。黙って目をそらさずに子どもたちを見るのである。子どもたちに「先生は見ている」と認識されるぐらいに。確実な事実や指導の必要性が見出されるまで，教師は見続ける必要がある。主謀的グループはまず，この担任がいかほどかを大体，品定めしてくる。「先生，いつ席がえするの？」「先生，20分休みだよ！早く休み時間にして。」など，自分たちの言い方で，担任を挑発してくる。そんな時，単純に大声を出すのではなく，静かにやり過ごす担任であることが重要になる。さりげなく，かわすことで，その集団のストレスを高めさせることも十分なねらいとなる。

❷ 教師の全体への指導は,「いじめ防止対策推進法」

　この集団的疎外感の指導で一番まずいのは,教師が初めて見たその場で大声でクラス全体を叱ることである。昔はそれで良かったが,いまの時代は,それでは,子どもによる「いじめ」がよりアンダーグラウンドに入ってしまうのだ。中には,プライドのある子の保護者が,「あの先生の怒り方は尋常でない。」みたいなクレームを入れてくる場合もある。そうすると,教師も出鼻をくじかれて意気消沈する。その間に確実に「集団的疎外感」は「いじめ」に育っていくのである。

　大切なことは,子ども全体に問うことである。「いじめ防止対策推進法」の意味を分かりやすく伝え,社会がいまこのようになっているという現実を子どもに知らせること。そして,被害者側の子どもに寄り添って,本人の自覚を探る。そして被害者側の子どもとの信頼関係をしっかりとつくること。「その子を支える先生だよ。」とこっそりと分からせること。こんなことがまず必要になってくる。

　加害者側の子どもたちや,その集団へは,事実的行為に及ぶまで,じっくりと待つことが,肝要である。そして,その行為が証拠共々上がった時には,保護者を含め,必ず開示していく必要がある。このようにして,「いじめ」の動きを担任がその都度把握していけば,クラスは良い方向に向かうはずである。

🔑 見取りのキーポイント

- ◆始めは「集団的疎外感」を見ている教師を子どもに見せよう
- ◆速攻で「いじめ防止対策推進法」の意味と社会の背景をクラス全体に分かるよう,伝えよう
- ◆被害者側の子に「先生は静かな理解者」として周知させよう

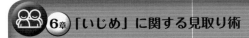

5 集団的疎外感の構造を分析して見る

> **見取れる内容** 子どもの性格・交友関係・クラスの子どもたちの力関係の構造

❶ ただ見ている教師ではなく，この集団的疎外感の構造を分析的に見る

　クラスの子どもたちの中には，どんなグループがあるのか，どのグループが中心的にこの集団的疎外感をリードしているのか，周辺ではあるが，良心をもっていながら，傍観者になっている子やそのグループはどこか，力なく，周りに流されていたり自分の意志を隠していたりする子は誰か，など，これらの力関係を教師が見たとらえ方でよいが，子どもに見つからないように図解してみる。それぞれのグループへの，個々への関わり方は，このとらえ方によって変えていかなければならないからだ。

　いまの子は，概してプライドが高い。つまり，叱られて育っていない子が多く，教師は上手にプライドを傷つけず指導していく必要がある。中には，教師がいじめの中核的な子に正しいことをガツンと言ったせいでその子が「不登校」で応戦してくる，保護者が出てくるなどという場面に遭遇することもある。だからこそ，もう少し賢い戦略をもって「集団的疎外感」の構造に立ち向かっていく必要があるのだ。

　一番大切なことは，クラスの中の力関係や，図解した戦略図をもとにこの集団には，どのように担任として関わるかの方向性を見出していくことである。その集団の中で担任になびく子から，一人ずつ担任の応援団をつくっていくことが重要な足がかりとなる。

❷ 大きく三つの教師の対応術をもって子どもと関わる

　このような集団で一番大切なことは，「良心のある傍観者」のグループの子どもに自信をつけさせることである。

　「集団的疎外感を分かっていた」このことを子どもとの会話から褒める。次に，先生は必ずフォローすることをこの傍観者グループに知らせていくこと，最後に「正しいことは正しい」と言っていいんだと「良心のある傍観者」のグループの子どもたちに感じさせることだ。

　クラスで力ない動きをしている子や被害者側になりかねない弱い立場の子への指導は，とにかく「意識させる」ことである。「自分がされたこと」や「友だちがしていること」をどんな些細なことでも先生に言うこと，これを意識させることである。そのためには，この子たちと教師の信頼関係をつくることがまずもって大切である。この子たちと遊んであげることが，この子たちとの信頼関係を深めるためには，有効であろう。ただこのグループの子どもは，意外に「いじめ」場面を見ていたり自分も強いグループのメンバーに取り込まれそうなったりしていることも多い。だから，意外な情報をたくさんもっていることもある。教師としては離さないでおきたい子たちである。

　一番難しいのは，集団的疎外感を主導しているグループの抑え込みである。それについては，次の項で述べる。

🔑 見取りのキーポイント

◆「良心のある傍観者」グループへは，教師が「勇気」と「正義感」の支えになろう
◆クラスで力なく弱い立場の子どもたちと，信頼関係を築こう

6章 「いじめ」に関する見取り術

6 集団的疎外感を醸し出す中核的グループをどう解体するか考える

> **見取れる内容** 子どもの性格・交友関係・問題行動

❶ 一番難しいのは，クラスの中核になっている，グループの解体

　前項で述べてきたようにクラスには集団的疎外感の子どもの力関係で「中心」「周辺」「傍観者」「被害者側」などの四つの構造に大きく分けることができる。「周辺」以下三つのグループについては，もうすでに述べてきたが，じつは，一番苦しいのが，「中心」グループの解体である。この子たちは，プライドが高く，自分は間違っていないと思っている子が多い。また負のネットワークづくりや情報飛ばしにも長けている。最近はここに属している子で勉強もできる子が多く，クラスを主導している場合も少なくない。また，この手の子の保護者にも要注意である。子どもの適当な話を真に受けて，そのままクレームを入れてくる保護者も多い。だから，厄介なグループ解体になるのだ。

❷ エリート感を損なわず，社会の構造，そして「本人の口から親へ」指導

　まず，この集団的疎外感を醸し出している「中心」的メンバーを否定してはいけない。上手に授業中など，クラスのまとめ役として使っていく姿勢が教師に求められる。そして，本人の優れている面を正当に評価し，言葉をかけてあげることが大切になる。

　その中で「この先生についていこう！」という子がいてくれれば，もうこ

ちらの勝ちである。しかし，現実はそう簡単にはいかない。中心的な子を取り込んでいこうとしていくが，まだ教師に対する懐疑心いっぱいでその子を教師から取り返そうと画策する他の中心的負のリーダーもいる。じつは，この子こそ，教師が手厚く指導し加護してあげなければならない存在でもある。その中心の子は，必ず「教師の存在」を否定してくる。「教師を嫌がる」「教師を信用していない」「教師に対して嫌な過去がある」などの要件を必ずもっている。この子を手の中に入れないといけない。

　こういう子は，じつは自分が一番良く見られたいという願望が大きい。しかし，そのプライドが反対側に作用してしまっているケースが多い。私は，こういう子に「勉強で優れている面と潜在能力」などを本人に語り，警戒心を和らげ，少し気さくな話と社会全般のルールをクラス全体に入れていくようにしてきた。それに，必ず，加害者側の中心メンバーの子とは担任と一対一での会話をするようにしてきた。家のこと，趣味のこと，嫌なこと，過去のことなどを普通に世間話をする場を設けるようにし，信頼関係を強めた。時には，全体の中で，その子を褒めることも，その子自身に，「この担任は僕（私）を認めてくれる。」と意識させるためにも有効である。また，確実にその子が他の子の心や体を傷つけた場合には「いい，先生が後でお家の人に言ってあげるけど，その前に自分の口で言うんだよ。」と約束を取りつけて帰していた。そして，夕方，電話や訪問でお家の人に「いかがですか？○○さんから聞かれましたか？」と伺う形で聞く。これでだいたい家の中の構造が分かってくる。家でも「子ども封建」か，「親封建」かが分かる。その家庭の中で，加害者側の子どもの立場や育てられ方が見えてくる。

🔑 見取りのキーポイント

◆何がこの子をこのようにさせているのかを暴くために見取ろう
◆中心的存在には丁寧に指導を入れて，家庭状況を知ろう

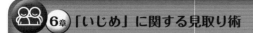

7　「疎外感から無視」そして「いじめ」へ

見取れる内容　クラスの力関係・子どもの性格・交友関係・問題行動

❶ 「疎外感」→「無視」→「いじめ」の流れを考えに入れておく

　ここまでずっと語ってきた「集団的疎外感」は，そのままにしておくと，必ず「集団的無視」や「いじめ」に繋がってくることは言うまでもない。小学校中高学年から中学・高校ぐらいまででそれが一番よく分かる場面が，修学旅行のバス座席や宿泊部屋での生活，そしてグルーピングの際にどうにも残ってしまう子の存在である。こうなる前に確実に担任はこの状況を改善しなければならない。一つ絶対にしなければならないことは，「疎外されている側の子」にまず教師が陰で支えになり，その子を確実に仲間にしてくれる相手づくりを急ぐことである。できるだけ，担任の近くに置き，もしくは良心のある頼れるグループにその子を入れておくことである。

　先の項で述べたように集団的疎外感がもう「いじめ」への入り口になっていることは明らかである。その姿がはっきりと現れてくるのが行事の時である。行事の時は，さまざまなグルーピングがされる。この機会に，「いじめ」の姿がはっきりと見えてくるので，担任は必ず，強い警戒をしておく必要がある。

　しかし，疎外を促進している中核的メンバーの解体も簡単には進んでいかないと思う。できるだけ，被害者側の立場を守ってあげることを優先したいものだ。

❷ 「疎外感」の段階で「いじめ」の芽を潰しておくために

　「いじめ」は早期発見・早期対応が重要だ。これは、どこでも言われていることであるが、なぜ「いじめ」が取り返しのないところまで進んでいくのか。それは、「教師が見逃すから」である。「見取らないから」である。

　じつは、生徒指導でも力のある教師は「見取り」の時点で子どもたちの様子から「いじめ」の芽を感じられる教師が多い。しかし、教科指導一辺倒の教師や、家庭が忙しい教師は、そこの子どものアンダーグラウンドの心の部分まで見通せないのが、現実であろう。

　そこで大切なことは、「他の教師にクラスに入ってもらうこと」そしてその教師から意見をもらうことである。子どもの様子や態度について一緒に考えてくれる「同僚」や「仲間」の教師の存在である。ただ、日本では、担任の学級王国主義を長年貫いてきたこともあり、「共同でクラスを見ていく」教師側の習慣はほぼ育っていない。どちらかというと、「学級崩壊」をも傍観していく他学級担任の存在も否めない。「同じ給料で自分のクラスを見ているだけで忙しい」というのが、多くの他学級担任の言い分になるだろう。私がいったオーストラリアの小学校では二人で１クラスを対等の関係で担任していた。

　やはり、恥ずかしがらずに他の教師の手と目を早めに借りることだろう。

🔑 **見取りのキーポイント**

- ◆「集団的疎外感」を早めに消す作戦を立てよう
- ◆「疎外感」は、集団的になりやがて「いじめ」に繋がるという意識をもっていよう

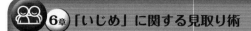

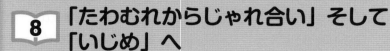

> **見取れる内容** 子どもの行動パターン・子どもの性格・交友関係・問題行動

❶ 見た目「仲良し」から「いじめ」へ

 「仲良し」だった関係から「いじめ」へのパターンもよくある。つまり,「さっきまで仲良く遊んでいた仲間だったが,仲たがいしたことにより,友だち関係が崩れ,その後,どちらか一方が相手を排除するようになる」場合である。このパターンになるきっかけは,男子は「じゃれ合い」,女子は「一緒にいる子が変わること」で見ることができる。

 男子の「じゃれ合い」はさまざまな場面で見られる。一方が他方を一方的に攻撃していて,攻撃される側がへらへらしていたり,時に泣いたりする。ここで「関係の上下性」や「からかいの楽しさ」が生まれ,被害が拡大する。だからこそ,教師は,その男子たちの「じゃれ合い」をよく見ておく必要がある。中には,調子に乗って,「ズボン下ろし」までしてしまうケースも少なくない。もうその時点で「人権侵害」であり一級の「いじめ」である。

 女子の場合は,これまで普段「一緒にいた子」といなくなる,関係をもたなくなる時に「何かあったな。」と気づく。そのためには,普段どんな子とどのように過ごしているかを知っておくことが必要である。関係が悪くなるから一緒にいないのだから,もうその時点で「事は起こっている」と感じる必要がある。そこから,クラスの情報網で「どうしてそうなったか」「何が原因か」などを調べ,その子たちにさり気なく当たっていくようにする。

❷ 子ども同士の行為や動きをさり気なく見落とさない教師に

　「たわむれ」から「じゃれ合い」「仲たがい」そして「いじめ」へ。このパターンが「いじめ」に繋がることを意識していると，子どもたちのさり気ないじゃれ合いもよく見るようになる。子ども同士の言葉遣いやさり気なくいる仲間の様子の変化も注意して見ていくようになる。

　「いじめ」の早期発見が難しいのは，このような日常の子どもたちの些細な変化を見ていこうとしないからである。その場合には，「いじめ」が大きくなり取り返しのつかないところまでいってしまうのだ。

　例えば，男子に多い「じゃれ合い」は，片方が嫌がっている姿が見えた時点で，その場で指導。「あなたはそれをしてほしいの？」と，されている側に聞き，嫌なら「嫌だ」ということを相手に伝えることを指導する。男子の場合は「見取り即指導」が大切になる。女の子の場合は，「心の問題」が大きく，簡単に指導に入れない場合が多い。複雑な関係が見えてくるので，まず事情を聞き，互いの相違点をすり合わせ，その後，双方の言い分を互いに理解させ，それを解決する方法を自分たちで導かせる。そしてその方法を必ず実行するか否かを約束させる必要がある。女子は特にその後の観察も必要である。

🔑 **見取りのキーポイント**

◆男子は「じゃれ合い」から女子は「仲間の変化」から，人間関係の変化を見取ろう

◆「たわむれ」から「じゃれ合い」「仲たがい」そして「いじめ」へ　この流れがあることを知っておこう

6章 「いじめ」に関する見取り術

9 言葉の荒れや「座席がえ」を注視せよ

見取れる内容 座席とクラスの安定・子どもの性格・交友関係・問題行動予測

❶ 子どもの言葉の荒れは，気持ちと態度，そして自律できないことの表れ

　当たり前のことであるが，「子どもの言葉の荒れ」（大声・雄たけび・汚い言葉遣い・態度を含んだ言葉など）は，その子の気持ちの表れである。友だちに対して，大人に対して，教師に対しての，一人一人の気持ちと態度の表れである。「何かに対して反発したい」「なんかむしゃくしゃする」などの子ども自身でも上手に表現できないストレスの表れだったりする。

　強く乱暴な言葉を遣う子もいる。逆に自分の言葉で何も表さない子もいる。これもまた言葉の荒れの一つであろう。何かに傷つき，何かを怖がり，自分の気持ちを極端に表さなくなる。その子自身に何かが起こって，話さなくなることもある。このサインにも，保護者や教師は気づいていかなければならない。学級は生き物である。子どもたちの息づかいが「言葉」に表れる場でもある。言葉や言葉遣いが変わってくる子，言葉が少なくなっている子に教師は敏感に気づいてあげられるようにしたいものだ。そこからは，必ずその子の気持ちの変化や「いじめ」の根が見えてくるはずである。

　だからこそ，その都度，しっかりと注意していく必要がある。時には，「なぜそのような言葉遣いになるか」を真剣に考えさせるなどという事も必要になる。"人は言葉によって関係を築き，言葉によって関係をなくす"こんなことを，学級指導に入れておくことも効果的である。

❷ 座席がえを最大の有効環境に

　教室の「座席」が子どもにとっての最大の環境である。子どもの言葉遣いと同時に「座席」での様子やその班での人間関係を優先的に考えて「座席がえ」することは，子どもの変化に対応する最大に配慮である。

　例えば，「○○さんと△△さんは，四六時中喧嘩している」などという関係は，同じグループにはできないはずである。「不登校気味の，孤立している□□さんには，やさしく面倒見のよい子が隣の方がいいかな。」などの配慮を，担任であれば必ず考えるはずである。

　また前の座席がえで「良かれ」と思っておいた隣同士が，返って周りに迷惑をかけた，合わなかった，などの反省もあるだろう。日々の子どもの言動や学習の仕方に合わせ，教師が自分で子どもたちにとって最良の座席を考えていくことは，最大の見取りや新たな発見に繋がる。1回の座席がえごとに子どもたちの人間関係について新たな発見や反省点を記述して残していくとよい。

　座席がえを1年間に渡り，記録していくことも重要である。前の座席がえでの子ども同士の関係を次の座席がえに活かす。これは当たり前であるが，意外に担任は忘れていて，一つ前の座席がえの子と，また隣同士にさせてしまうなどということもある。記録からたどる座席がえで，子どもの成長や変化を知ることもよい見取りとなる。

> 🔑 **見取りのキーポイント**
>
> ◆子どもの言葉を聞き捨てず，特に即注意の視点ももとう
> ◆座席がえで見える子どもの姿や教師の反省点を記述して残そう

6章 「いじめ」に関する見取り術

10 日頃から，担任の味方になれる子たちをつくっておく

見取れる内容 子どもの性格・交友関係・問題行動

❶ クラスにいる，さり気なく，まっとうなことを思っている子たちを味方に！

　教師の指導は，子どもとの信頼関係の上に成り立っている。当たり前のことである。しかし，いまの時代，信頼関係ではなく，「あの先生，担任やめさせて！」などと保護者に訴える子もいるという。その意味では「子どもとの信頼関係の築き方」が意外に一番難しかったりするのではないか。

　ただクラスには，必ず先生を慕い先生についてこようとする子どももいる。その子たちから始めて，とっつきにくい子や「頭が良い」ということでプライドだけが高い子，なかなか教師に寄ってこない子などにも信頼されるようにしていく必要がある。一人一人と会話を合わせ，その子の趣味や嗜好などで日常的にコミュニケーションを取る。このことが何よりも子どもとの信頼関係を深めていく術である。

　私は，担任として，心がけて休み時間に子どもたちと会話していた。担任自身から静かな子やもっと知りたい子などと話すようにしてきた。このことは，その子の勉強のことだけではない，その子自身の背景を知るためにもとても有効であった。担任が，たわいもないことを聞いてくることを初めは嫌がる子もいたが，後になると本当に担任の力になってくれた。いろいろな子と会話することで教師に親近感をもつ子どもを増やしていくことは，必ずクラスが大変な時に助けてくれる子を育てることに繋がっていくのだ。

❷ 放課後のちょっとした時間に,日々子どもたちとのフリートークを

　すべての学習や活動を終える放課後。ほんのちょっとした時間,先生の机の周りに集まってくる子がいる。中には,先生の手伝いをしてくれたり,黒板をきれいに消してくれたりもする。こんな子どもたちは,教師の味方になれる子である。放課後の些細な時間に「フリートーク」をすることで子どもも教師を知り,教師もその子たちの様子を知る。こんな時間が,子どもと教師とが信頼していくカギにもなっていくのだろう。その意味では,放課後のちょっとした子どもとの会話を大切にすることは,信頼関係づくりに効果があると思う。また,このフリートークの間に,子どもたちが出してくる話題が多くの情報源になり,時にはトラブルの方向性までも教師に教えてくれたりする子どももいた。

　できるだけ早く教師の味方を見つけたいのであれば,ぜひ放課後にたわいもない「フリートーク」を意識的に入れていくことが,教師の味方を探すためにとても重要である。

🔑 見取りのキーポイント

◆良心的な子を教師の味方におこう
◆放課後,フリートークの時間を大切にし,教師の味方を増やそう

7章 「クラスの雰囲気を変える」ための見取り術

清掃に懸命に取り組む子を見取る

見取れる内容 子どもの性格や働きぶり・交友関係・問題行動

❶ 学級の見えない所で頑張っている子を見取ること

　学級には，さまざまな子どもがいる。スポーツで目立つ子や華があって人気のある子。勉強ができて何でもこなせる子，楽しいことや面白いことを進んで行って学級のムードメーカーになる子などなど。また，何となくトラブルメーカー的な子やダラダラしていてやる気のない子も必ずいる。ただ，それは一面である。

　掃除の時間の子どもの様子を覗くと，子どもたちの違った一面が見られることもある。特に縦割り班などの場合では，普段なかなか見られない一人一人の異年齢集団での動きを見ることができる。意外に真面目にリーダーシップを発揮している年長者であったり，優しく接し進んでみんなを動かしている先輩だったりする様子も見られるかもしれない。また上級生に言われて，従順に活動していたりする下級生の姿も見られるだろう。

　時に清掃時間に静かに清掃箇所を回ってみたり，担当の先生から話を聞いたりすると，その子の違った一面を知ることができるかもしれない。ぜひ，職員室でも，クラスの子の様子を他の教師に聞いてみよう。必ずあなたとは違ったとらえや，担任では気づかなかった点を再発見できるはずである。

❷ 働く姿を本当の「褒め言葉」にすることで

　いまの子どもたちは，「褒められること」を当たり前だと思っている節がある。褒められることがあっても当然だが，叱られることはもっての外，と思っているプライドの高い子や，また，それを擁護する保護者も多い。本当の意味で，褒められるものは，なんだろう，どんな時なのだろう？いまや，ユーチューバーやエレクトロニック・スポーツが，子どものたちの夢の上位になり始めている時代，がむしゃらに働くことがもてはやされない時代である。だから，楽しく調子良くやっている人が褒められる。これで良いのだろうか？

　私は，いままで，よく働いていた子のところへ行って，「本当によく〇〇してくれて，ありがとうね。」と言ってきた。すると，その子は，学級でも元気になった。自分のしていることをちゃんと逃さず見てくれる先生の言うことをしっかりと聞くようになった。

　たわいもないことのように思われるが，じつはこのことこそが，その担任の思いを理解し，その担任を支える子どもにしていくために，大切なことなのだ。

　「本当に褒められることは何なのか。」「子どもは，一面的ではない。だから，違った姿を探そう！」こんなことを考えながら，子どもの新たな姿を発見する教師になることが肝心である。

🔑 見取りのキーポイント

- ◆子どもを固定的・一面的に見て，決めつけないようにしよう
- ◆掃除の時間に，働く子どもの姿を静かに見てみよう
- ◆掃除の担当の先生にその子の様子を聞いてみよう

7章 「クラスの雰囲気を変える」ための見取り術

2 「分からないこと」を誠実に友だちに聞いている子の姿を見取る

 子どもの性格・交友関係・学習の理解度

❶ 本当に「分からないこと」を聞いている姿を見取る

「なぜ，あなたは教師になったのですか？」「あなたが，教師になって感動したシーンって，どんな場面ですか？」

子ども同士が真剣に「分からないこと」を聞き合っている場面は，確実に子ども同士の人間関係を変える。それは，「困っている自分に何の代償もなく教えてくれている。」という実感が受け手にあるからである。また，教え手も，心から「分からないこの『仲間』に何の代償ももらわず伝えたい。伝えてもいい。」と思っているからである。

「学校」は本来，そういうところであったのではないか？私はこの学校の原点回帰のような場面が一番大切であると考えている。だからこそ，このような場面を「つくりだす」授業改善や実践的研究を続けてきた。言葉のやりとりだけの話し合い活動ではない，子ども同士が互いを認め合える「伝え合い，助け合い」活動ができることが重要である（別本『学級担任が学級全体の学力を伸ばす10の鉄則』（教育出版）参照）。

教師が「子ども同士の教え合いの時間」をつくり，「互いの考えを発表ではなく気軽に伝え合える場」をつくることで必ず，困っている子どもは「人のありがたさ」を感じる。それを見逃さず「誰と誰の教え合いで，どんなことが起こったか。どんな気持ちになったか」などを知っておくと必ず役に立つ。

❷ 「仲間」の価値を高めてあげる

　教え合いの良かった場面は，メモしておくとよい。「いつの，こんな学習で○○さんが△△さんに□□についてどのように教えていた。そしてどんな雰囲気だった，お互いがどんな気持ちだった。」など。これは，通知表や指導要録の記述欄の記入にも使える。

　このような光景は，それだけにとどまらず，もっと違う使い道がある。それは「学校って面倒くさい。学校って一体何するところ？」「嫌だ，なんで勉強なんかするの？」という問いに教師が答える時に使うことができるのである。

　この問いは，いまはどの子も抱いている。もしかすると親も抱いている人もいるだろう。それに答えるために「クラスだより」に事例を書いたり，子どもたちに学校の意味を伝えたり「本当の『仲間』とは何か」の問いの回答として子どもたちに伝えたりする材料にできる。

　大切なことは，「人と人が真剣に学び合う場としての学校」「自分を助けてくれる本当の『仲間』を見つけた学校」そんな思いを子どもにもたせたいという思いで教師になったということ。そんな教師の思いが，子どもを変えるし，学級の雰囲気を変えるのだ。私はそう思う。

> 🔑 **見取りのキーポイント**
>
> ◆「分からないこと」を伝え合う・聞き合う場をつくろう
> ◆「分からないことは恥ずかしいことではない」という意識を教室に伝え続けるようにしよう

7章 「クラスの雰囲気を変える」ための見取り術

3 クラスで問題児とされてきた子の違った面を探せ

見取れる内容 子どもの性格や違った面・問題行動

❶ 「クラスの問題児とされてきた子」彼らはなぜそうされるのか？

　「先生，また○○さんが暴れてる。」「先生，早くきて，○○さんが△△さんを叩いている。」などの声を頻繁に耳にすると，「本当に○○さんは手のかかる子だ。」と担任も思いがちになる。

　しかし，よく考えてみると，○○さんは，そのシチュエーションの中でキレるまでの経緯があったはずだ。そこにはその前に「ふざけ」「からかい」「じゃれ合い」などが見られた結果で起こる現象だったりすることも多い。その結果，○○さんはキレる。そのキレる現象だけをとらえて，クラスのみんなは，「また○○さんがキレた。」「○○さん，すぐに暴力にでる。」と言い，その目でしか見ないクラスの体質がはびこってしまっているのではないか。

　本人によく聞いてみると「□□されるのが嫌だった。」とか「××ちゃんが，僕をからかったから。」など，本人の中にも言い分が常にあるようだ。仮に彼が「クラスで配慮の必要な子」で多動傾向や不注意性があることなら，校内特別支援委員会等を開き，教師間で対応を考えていく必要がある。しかしだからといって，すぐに転級などができるわけではない。担任が中心になり，そうした子を違った目で生かしていく取り組みがクラス内で必要になってくる。大変で根気のいる教師の取り組みであることは，十分に分かる。だからこそ，見取りと分析を常に意識し，対象の子の良さを発見してほしい。

❷ いままで「問題児化」されてきた子の意外な良い面を伝えていく

　常に問題児化されてきた子は，「ある種のスイッチ」が入ると，暴れたり教室を飛び出したりしていく。この「ある種のスイッチ」を極力入れなければクラスを乱す回数も少なくなる。

　私が行ってきた方策は，二つある。一つは，徹底して「先生と共に過ごさせること」である。常に担任のそばに置き，彼を穏やかな目で見ている。そういう子は「できることとできないこと」が極端だったり，「できないとすぐイライラしたりする」ことが多い。そういう機会を減らすように担任がついていることだ。もう一つは，その子の良さをクラスの子どもたちに伝えることである。ちょっとしたことでもよい。例えば「力が強い」「絵がうまい」「穏やかな時は人にやさしい」など。クラスの中で認められることにより，問題児化されていた子のキレる回数は少なくなる。

　また，教師の中には，教師自身がその子を問題児化して，じつはその子が暴れることをあおっている教師の姿も見られる。特別な支援を要する子への対応は，「急に怒ったりせず」「常にあせらせたりしない」これが鉄則である。暴れる子で学級崩壊ぎみになるクラスでは，必ずこういった子どもをあおる教師が見られる。ここは，気をつけたいものだ。

🔑 **見取りのキーポイント**

◆クラスで問題児化された子を教師の近くに置こう
◆問題児化された子の良い面をクラスに伝えていこう

7章 「クラスの雰囲気を変える」ための見取り術

 4 静かな子・弱そうな子の積極的な面を見つけよう

見取れる内容　子どもの性格・交友関係・今日の子どもの気分・問題行動

❶ 静かな子・弱そうな子の喜びを知ろう

　クラスの中にいる静かな子・自己表現をあまりしない子・一見弱そうに見える子は，「人に自己を見せたこと」がない子であることが多い。つまり，自分の家での姿や「何が好きか」「どんな趣味をもっているか」などの個人情報を他の人に知られたことがない子が多い。

　私は，担任として彼らに積極的に話を聞くようにしてきた。「ねえ，昨日，何してたの？」とか「家にどんなおもちゃがあるの？」など，話の糸口を掴み，その子たちから多くの「その子の情報」を聞き入れるようにしてきた。そのうち，その子が大好きな物や常にしていることなどが自然に分かるようになり，気軽に声をかけられるようになった。すると，その子たちは，必ず心を開き，その時の喜びや楽しみ方なども伝えてくれるようになった。

　「担任の先生が，僕のことを聞いてくれる。」「私の好きなアーティストの話をしてくれる。」担任が自分のことを知ってくれていることや，勉強以外のことに興味をもってくれていることは，普段ほとんど前に出てこない子どもたちにとってとてもうれしいことだ。「自分に興味をもってくれる先生がいる」と思わせる，教師の仕掛けは絶対していかなければならない。特に「いじめ」による自殺等が報道化，裁判化する時代である。静かな子どもの心の動きを常に心にとめておく教師の存在が，重要なのだ。

❷ クラスの中にいる静かな子・弱そうな子に自信をつけさせるために

　クラスの中で静かにいる子たちの喜びの感覚を知った担任が，次にすることがある。それは，「繋ぐ」ことである。クラスの子どもたちの中でその子と仲良くできる子を探して関係を繋ぐことである。

　だいたい教師が声をかけると，教卓近くに集まってくる子や静かにしている子同士を担任の近くにいさせて，さまざまな話を互いに聞かせ合うようにする。そうすると，そのうちその場が心地よくなって担任に呼ばれなくても教卓近くにまでくるようになる。そうなったら，「繋ぐ」活動を教師は，心がける。休み時間に気の合いそうな二人に「あのさ，二人でこれを○○先生に置いてきてくれない？」などと頼みごとをし，どうしても二人が会話しなければいけない関係をつくり上げるのだ。このような活動を多くして，いずれは，「クラスの中で気の合う関係」を構築させていく。これが私の人間関係づくりの一つのテクニックである。

　クラスの静かな子・弱そうな子は，「不登校」や「いじめ」の対象になりかねない。早めに「気の合う関係」をつくって支えてあげることは，その防止策にもなる。と同時に彼らが，学校で自己表現できる「自信」をつけさせることにも繋がるのだ。

> 🔑 見取りのキーポイント
>
> ◆クラスで静かにいる子たちには，教師が積極的に聞き出す会話をしよう
> ◆「聞き出し」が終わったら，仲間と「繋ぐ」関係づくりを密かにしていこう

7章 「クラスの雰囲気を変える」ための見取り術

5 クラスの姿を社会の姿に置き換えてみる

見取れる内容 クラスの子どもの健全性・交友関係・問題行動

❶ クラスを「人と人が暮らす場：社会」として考えてみる

　「学校は生き物だ」「学校はある種の社会だ」これは，否めない事実だと思う。日本が義務教育を憲法で定めている以上，このことは揺るがない真実として存在している。つまり，「明日，学校がなくなる」などということは，決してない。ならば，教師も子どもたちも学校をどのようにとらえて前向きに過ごせばよいのだろう。

　私は，学校を「一般社会」ととらえて，よく子どもに指導してきた。例えば，学校・学級内のルールは，法律。それに違反すれば，罰則が社会にはある。例えば，クラスにいる多くの子どもたち，これも社会の中の住んでいる場にいるさまざまな住民である。決して「同じ考え」などと言いきれる関係でない，相容れない住人，それがクラスにはいる。そのことを知らせてきた。

　つまり，「クラスでは甘えず自分で自分の道を切り拓け！」「教師だって，嫌な人もいる」それが，「社会のスタンダードな姿だ」と伝えてきた。

　こんな目でクラスをとらえることは，「見取る」ときの自分の視点が教師自身のエゴに偏っていないかを感じる指針ともなる。世の中のスタンダードを自分はしっかりと教室に入れているか，という視点をもつことが，「人を見取り，指導していく人間の最大の性」であることを常に自戒してきた。

❷ こんな世の中でも，クラスを「人としての正しさ」を教える場として

　さまざまなに変化し，形を変える社会。何とも言えない多くの課題を含んだ社会。「これだけが正しいとは言えない」多様化した社会。教師自身がよく分からなくなることも多い社会。親が勝手に自分の都合で言うことが通る社会。学校は公の場。学校はコミュニティの中心。「先生の言うことは聞け！」という昭和的な発想……。

　何が大切なことか，何が子どもに伝えるべきことか。常に教師も自問自答しながら，存在する。しかし，変わっていく社会の中で「昨日までの正しさ」が「いまの社会」では覆される。だからこそ，よく考え，話し合い，話を聞き，自分の意見を伝える。決して押しつけるだけではなく，自分の意見として伝える。できれば，この意見に多くの賛同があることを見越して伝える。これが，いまの教師の子どもへの指導のある種の姿勢なのかもしれない。さまざまな考えの大人がいて，さまざまな家庭があり，それぞれがそれなりに自分の都合で精一杯生きている社会。いまがそんな社会なのだろう。だからこそ，その社会を映す学校は社会の鏡として，これまでの考え方を少しずつ変えてきたのだろう。

　こう考えると，教師としての自分の見取り方も社会や時代に合わせ変えていく必要があることを実感する。

> 🔑 **見取りのキーポイント**
>
> ◆学校は社会の鏡であり，こうして考えると「見取り方」も変えていく必要があると心得よう
> ◆子どもに「社会」を説明していくための「クラス」を考えよう

後序

○「ワンランク上の子ども見取り術」は攻めの指導

　ここまで「見取り術」について述べてきた。じつは，「見取り術」というのは，「見取り方」という方法論ではない。「見取り術」とは，指導と関連する見方・考え方を言うのである。つまり，指導に対するものの見方や考え方が，鋭ければ，自ずと子どもの見取り方も鋭くなる，ということである。

　「ワンランク上の子ども見取り術」とは，子どもたちへのより高い指導のためのものである。教師の経験にもとづいたものの見方や考え方で裏打ちされた「子どものとらえ方やとらえる際のポイント」である。じつは，この「子どものとらえ方やとらえる際のポイント」は，現在のところ，それぞれの教師でまったく違っている。その良い例が，学級崩壊である。あるクラスは何事もなく1年間の指導が終わるのに，あるクラスは，学級崩壊で1学期の途中からにっちもさっちもいかなくなる。この現象がまだ日本中で続いているということは，この「見取り術」について，研究的にも実際的にも共通理解ができていないということだ。

　現に学校では「いじめ」の問題もひどくなり，「不登校」は増え続け，教師の精神的疾患の病休も増え続けている。最近では，学校の教師を志さない若者が増えているとも聞く。それは，すべての「教師」の活動が，単に教える内容は山ほど明らかでも，「子どもの姿」や「家庭の姿」の多様さ，危うさについて共通理解ができていないからだ。

　この「ワンランク上の子ども見取り術」は，そんな現代の「曖昧模糊」とした「子ども理解」に対して一石を投じるために書かれたものである。

　「教え方」や「学級づくり」の型，「子どもへの対応の仕方」「年間の学級運営の仕方」など教師は，経験を通してそれぞれのテクニックをもっている。

　今こそ，そこに「現代に合った子ども理解」の型をもって指導に当たることが，重要なことである。これだけ，複雑になった学校社会で「子どもをどう理解するか」「家庭をどう理解できるか」は，教師の生命線と言っても良

い。時に理解しがたいことであっても、自分のクラスにその子がいれば、教師は「その子やその子の周辺」を理解して進めなくてはいけない。そのためにも今の時代に合った「見取り術」は必要になってくる。

　じつは、「ワンランク上の子ども見取り術」は「攻めの指導」の一環である。より深い子どもの心の動きや生活の機微に入り込んだ指導をするために教師がとらえた「指導観」から生まれるものである。「なんでこの先生が、クラスを持つと、子どもたちが復活するのか」そんな光景を見たことがあると思う。それは、その教師が他の教師にはできない「ワンランク上の子ども見取り術」をもっていたからである。その見取り術をもとにした、学級の子どもたちを変えていく「攻めの指導」をしていたからである。

　つまり、「ワンランク上の子ども見取り術」は「攻めの指導」に繋がるのである。

○　教師の鋭い「見取り」の姿勢は、子どもへの抑止力になる

　学校では、依然として「いじめ」「不登校」が減らない。「子ども同士の関わり」「家庭の考え方の多様化」に対応した取り組みが、結果対応（後手）になっている事実も、否めない。しかし、最近の社会の風潮は、その事実を確実に叩く。これでもかと言わんばかりに叩く。「学校のどんな失敗も許さない」という社会や報道の姿を目にする昨今である。

　同時に、各家庭も学校の失態は、他人事として批判する。例え、自分の子どもが当事者であったとしてもである。そんな状況だからこそ、私たち教師は、未然防止のために鋭い目で子どもや家庭をとらえ、事が起こる前に一手を打っていかなければならない。

　「教師に見られている」ことを子どもは意外に敏感に感じている。それは、その教師の目やしぐさ、行動の仕方をよく見ているからである。昔よくあったが、例えば、授業中に机の下で別の本を読んでいる子、授業中に手紙を回している子など、教師の目を欺きさまざまなことをすることが、子どもにと

ってステータスだった。そんな時代もあった。また，それも許された時代だった。しかしいまは違う。見ていない教師が叩かれる。見取れていない教師がバッシングに遭う。

　だからこそ，難しいことではあるがより鋭くもやさしい目で，子どもを見，子ども同士の関わりを読み，未然防止の一手を子どもの行動より先に出していかないといけないのだ。

　ただ，教師がこの鋭い見方をもつことは，確実に学級の問題行動の抑止力になる。教師の包括的でいながら，ピンポイントでの見方の鋭さを子どもたちは逆に見ている。だからこそ，教師は「確かな見取り術」を手に入れないといけないのだ。

○　確かな「見取り術」は，教師としての確かなものの見方・考え方から生まれる

　先にも述べたが，「見取り術」は，方法論だけでない。指導を視野に入れた「子どもへの見方・考え方」である。

　「こんな子どもになってほしい」だから，「こんな指導をする」ではもう駄目なのである。

　これは，非常に強引なもので，今の子どもは受け入れないことが多い。これにより逆に子どもたちは教師に反発して荒れていくこともある。そうではなく，「こんな子になってほしい」「では，今，その子はどんな状況かな」「こんな状況だから，こんなやり方で指導を入れていこう」という戦略をもつことである。「確かな見取り術」とは，やはり戦略を伴った指導の際に働くものである。

　この戦略を伴った指導をするための「見取り術」は，欠かせない。しかし，それは教師の苦労に満ちた経験によって裏打ちされたものであり，ベテランの真剣に教育を考え続けてきた教師に経験知として入っているものである。その経験知を言葉で言い表すことはなかなか難しい。「なんとなく感覚で。」とおっしゃる先生にも多く出くわした。しかし，その先生方の指導や学級経

営は確かであり、その学級の子どもたちが整ってくることを私は実感してきた。やはりその教師が苦労して手に入れた経験から紡いだ「子どもを見る見方・考え方」が今の時代に必要なのである。

確かな「見取り術」は、本来、教師としての確かな経験に裏打ちされた「見方・考え方」から生まれるのである。

おわりに

　私は，これまでにたくさんの先生方にお会いしてきた。一緒に汗を流し，一緒に教育を語り合い，大切な教師としての立ち振る舞いや考え方を学ばせていただいた。

　「あの先生が担任すると，学級が変わるよね。」「なんか，あのクラス，最近良くなってきたんじゃない。」教師は教師の目で，みんな密かに感じていることがある。何度も学級の立て直しのために飛び込みで入った先生。問題行動の多い子どもを，見ていないうちに改善させた先生。時間を賭して，子どもの驚く顔を想像して教材づくりに没頭する先生。私は，そんな先生方からたくさんのことを学び，自分もまた「頼られる先生」になろうと努力してきた。

　本書『ワンランク上の子ども見取り術　学級の荒れを防ぐキーポイント』では，これまでに出会った先生方の経験知と私のつたない経験を取り混ぜて書いてみた。じつは，人はみんな見取り術をもっている。それぞれの見方・考え方がある。その「教師としてのものの見方・考え方」をより顕著に意識にのぼらせるためにも一読していただけると幸いである。

　教師の置かれた現実は今もなお厳しく，多くの課題が学校には課されている。しかし，みんなでスクラムを組んで，話し合い助け合って，子どもたちの未来づくりのために力を尽くしていきたい。こんな思いで本書を書き上げた。

　このたびは，このような場を与えてくださった明治図書出版様に感謝して，本書の締めとしたい。ありがとうございました。子どもたちの未来のために。

2019年2月

成瀬　仁

【著者紹介】
成瀬　仁（なるせ　ひとし）
国立大学教育学部非常勤講師及びオーストラリア公立小学校での勤務経験がある。また，幼稚園での教諭経験もあり，多彩な教職経験を生かし，子どもと環境，教師の雰囲気について考えながら教職についている。また，学校や学級の危機管理，通常学級における学力向上についても実践経験をもとに講演等も行っている。現在，公立学校勤務。

【著書】
・『チェックリスト　学級担任の危機管理』（教育出版）
・『学級担任が学級全体の学力を伸ばす10の鉄則』（教育出版）
・『続チェックリスト　学級担任の危機管理』（教育出版）
・「学級経営覚書」（『日本教育新聞』H26〜H27連載）

［本文イラスト］木村美穂

学級経営サポートBOOKS
ワンランク上の子ども見取り術
学級の荒れを防ぐキーポイント

2019年3月初版第1刷刊　Ⓒ著　者　成　瀬　　仁
　　　　　　　　　発行者　藤　原　光　政
　　　　　　　　　発行所　明治図書出版株式会社
　　　　　　　　　　http://www.meijitosho.co.jp
　　　　　（企画）及川　誠（校正）杉浦佐和子
　　　　〒114-0023　東京都北区滝野川7-46-1
　　　　振替00160-5-151318　電話03（5907）6704
　　　　　　　ご注文窓口　電話03（5907）6668

＊検印省略　　組版所　株式会社木元省美堂

本書の無断コピーは，著作権・出版権にふれます。ご注意ください。

Printed in Japan　　　ISBN978-4-18-242011-5
もれなくクーポンがもらえる！読者アンケートはこちらから

いつでも・だれでも・どこでも 楽しく気軽に出来る 授業づくりのヒント NIE

土屋武志 監修　碧南市立西端小学校 著

「社会を見る目」や情報リテラシーを鍛える! NIE授業

「教育に新聞を!」これからの子ども主体の学びを支えるものとして，新聞は格好の教材です。新聞比較によるリテラシー向上や，社会を見る目，「見方・考え方」を育てる取り組みなど，NIE授業づくりの基礎基本と情報活用能力を高める授業モデルを豊富に紹介しました。

B5判 96頁
本体 1,460円+税
図書番号 0957

よくわかる学校現場の教育心理学
AL時代を切り拓く10講

堀　裕嗣 著

AL時代を切り拓く教師の生き方とは? 世界を広げる10講

主体的・対話的で深い学び，いわゆるアクティブ・ラーニングが導入されるなど，激変する教育現場。AL時代を生き抜くには，教師は何をすべきなのか?「行動主義」と「認知主義」の学習理論，動機付け，メタ認知の視点から考える"AL時代を切り拓く"10の提案です。

四六判 144頁
本体 1,560円+税
図書番号 0989

THE教師力ハンドブック
特別支援学級の子どものための キャリア教育入門
基礎基本編／実践編

西川　純・深山智美 著

子どもの生涯の幸せを保障するために出来ることがある!

「特別な支援を必要とする子どもの一生涯の幸せを保障するために，学校が出来ることは?」保護者や施設，就職支援の方への実地アンケートをもとに，「学校卒業後を視野に入れた教育」「就労の仕組み」「今，卒業後の幸せのためにできる準備」とはどのようなものなのかを解き明かす，問題提起と提案の書。

【基礎基本編】
四六判 128頁 本体 1,500円+税
図書番号 2261

【実践編】
四六判 144頁 本体 1,600円+税
図書番号 1390

学級経営すきまスキル70
低学年／高学年／中学校

堀　裕嗣 他編著

ハードとソフトで学級のつまずきを解消! 微細スキル70

学級経営のつまずきは，実は遅刻した子への対応や日常の給食指導等における細かなズレの積み重ねが原因です。本書ではおさえておきたい学級経営のスキルを70の項目に分けて，「ハード編」として指導技術を，「ソフト編」として子どもに寄り添い支援する技術を紹介しました。

四六判 160頁
本体 1,800円+税
図書番号 2751, 2753, 2754

明治図書　携帯・スマートフォンからは **明治図書ONLINE** へ　書籍の検索，注文ができます。▶▶▶

http://www.meijitosho.co.jp　＊併記4桁の図書番号(英数字)でHP，携帯での検索・注文が簡単に行えます。

〒114-0023　東京都北区滝野川7-46-1　ご注文窓口　TEL 03-5907-6668　FAX 050-3156-2790

タイプ別でよくわかる！
高学年女子 困った時の指導法60

宇野 弘恵 著

高学年女子の指導は厄介？困った時の指導スキル

「高学年女子の指導は，面倒で難しい」そんな声をよく聞きます。それはなぜなのか？「一人になりたがらない」「目立ちたがらない」「本音を言わない」女子にはこう対応せよ！「いるか女子」「ひつじ女子」「おおかみ女子」「くじゃく女子」の4タイプでよくわかる，オススメ対応術。

四六判 160頁
本体 1,860円＋税
図書番号 2122

特別支援教育 すきまスキル
小学校下学年編
小学校上学年・中学校編

青山 新吾・堀 裕嗣 編

温かな支援を生む！「個と集団」を意識した指導スキル

「個と集団のバランス」を意識した特別支援教育を！小学校～中学校で見られる「困った場面」での対応法を，その背景要因から読み解き，「集団への指導スキル」と「個別の支援スキル」に分けてわかりやすくまとめました。"つまずき"を解消する具体的事例・ヒントが満載の1冊です。

四六判 176頁
本体 1,700円＋税
図書番号 2846, 2847

幼稚園 365日の集団づくり
日常保育編 年間行事編

吉村 裕・丸山 克俊 編著

この1冊で幼稚園1年間365日の活動づくりがわかる！

幼稚園の1年間365日の活動づくりについて，①活動の流れをまとめた「デイリープログラム」②感動した子どものつぶやき・行動を集めた「天使のひと言＆子どもの行動」③保育者視点の気づき・リアルな体験をまとめた「私の保育日誌」の3点を切り口にまとめました。

日常保育編
A5判 168頁 本体 1,860円＋税
図書番号 0888

年間行事編
A5判 168頁 本体 1,860円＋税
図書番号 0889

生活指導・生徒指導 すきまスキル72
低学年 高学年 中学校

堀 裕嗣 他編著

ハードとソフトで指導のつまずきを解消！微細スキル72

生活指導・生徒指導で大切なのは，学校生活を送る上での基本的なことや定番の行事で起こり得るトラブル対応等，細かなことの積み重ねです。これらをうまく裁き，機能させる「すきまスキル」を，規律訓練型の「ソフト」と環境管理型の「ハード」に分けてまるごと紹介しました。

四六判 160頁
本体 1,800円＋税
図書番号 2803, 2805, 2806

明治図書 携帯・スマートフォンからは **明治図書ONLINEへ** 書籍の検索、注文ができます。▶▶▶

http://www.meijitosho.co.jp ＊併記4桁の図書番号（英数字）でHP、携帯での検索・注文が簡単に行えます。

〒114-0023 東京都北区滝野川7-46-1 ご注文窓口 TEL 03-5907-6668 FAX 050-3156-2790

学級経営サポートBOOKS

1ミリの変化が指導を変える！
学級＆授業づくり成功のコツ

大前 暁政 著

この一手で学級も授業もこんなに変わる！変化を生む指導のコツ

学級づくりや授業がうまくいかない先生へ，ちょっと先輩からのミラクルアドバイス。学級で子どものやる気を引き出す条件から，子どもをスマートに率いる5原則，授業を変える「ある意識」から，子どもが授業に食いつく演出アラカルトまで。ピンチをチャンスに変える「この一手」。

A5判 128頁
本体 1,760円＋税
図書番号 2030

学級経営サポートBOOKS

「小1担任」パーフェクトガイド

浅野 英樹 著

小1プロブレムなんて怖くない！小1担任の365日必携ガイド

小学1年生は，ワクワクと不安でいっぱい。そんな子どもたちを温かく照らす，小1担任の1年間パーフェクトガイド。入学式前準備からルール指導，学級システム20づくりや行事指導，子どもとのコミュニケーションから保護者対応まで。学校生活の土台を築く必携の1冊です。

A5判 192頁
本体 2,100円＋税
図書番号 1652

Q&Aでよくわかる！
見方考え方を育てるパフォーマンス評価

西岡 加名恵・石井 英真 編著

本質的な問いから探究を生む「パフォーマンス評価」Q&A

「本質的な問い」に対応するパフォーマンス課題をカリキュラムに入れることで，教科の「見方・考え方」を効果的に育てることができる！目標の設定や課題アイデアから，各教科の授業シナリオまで。「見方・考え方」を育てる授業づくりのポイントをQ&Aで解説しました。

A5判 176頁
本体 2,000円＋税
図書番号 2779

WHYとHOWでよくわかる！
いじめ困った時の指導法40

千葉 孝司 著

「この場面ではこうしよう！場面別でよくわかるいじめ対応術

教師が本気でいじめに取り組もうとする時，「困った！」という場面に必ず遭遇します。本書では，いじめ対応での困った場面別に，WHY（なぜそうなったか）とHOW（どのようにすればよいか）の視点から，具体的な対応をまとめました。場面別の会話例も入れた必携の1冊です。

A5判 176頁
本体 2,000円＋税
図書番号 1448

明治図書 携帯・スマートフォンからは **明治図書ONLINE へ** 書籍の検索，注文ができます。　▶▶▶

http://www.meijitosho.co.jp　＊併記4桁の図書番号（英数字）でHP，携帯での検索・注文が簡単に行えます。

〒114-0023　東京都北区滝野川7-46-1　ご注文窓口　TEL 03-5907-6668　FAX 050-3156-2790